Teoria Pura do Direito

Introdução à Problemática Jurídico-Científica

....

HANS KELSEN

gen
Grupo
Editorial
Nacional

Teoria Pura do Direito

Introdução à Problemática Jurídico-Científica

....

HANS KELSEN

1ª edição alemã, 1934

Tradução e Estudo Introdutório
Alexandre Travessoni Gomes Trivisonno

- O tradutor deste livro e a editora empenharam seus melhores esforços para assegurar que as informações e os procedimentos apresentados no texto estejam em acordo com os padrões aceitos à época da publicação, *e todos os dados foram atualizados pelo tradutor até a data da entrega dos originais à editora.* Entretanto, tendo em conta a evolução das ciências, as atualizações legislativas, as mudanças regulamentares governamentais e o constante fluxo de novas informações sobre os temas que constam do livro, recomendamos enfaticamente que os leitores consultem sempre outras fontes fidedignas, de modo a se certificarem de que as informações contidas no texto estão corretas e de que não houve alterações nas recomendações ou na legislação regulamentadora.

- Data do fechamento do livro: 04/12/2020

- O tradutor e a editora se empenharam para citar adequadamente e dar o devido crédito a todos os detentores de direitos autorais de qualquer material utilizado neste livro, dispondo-se a possíveis acertos posteriores caso, inadvertida e involuntariamente, a identificação de algum deles tenha sido omitida.

- **Atendimento ao cliente: (11) 5080-0751 | faleconosco@grupogen.com.br**

- Capa: Rejane Megale Figueiredo
- Editoração eletrônica: Rejane Megale Figueiredo

CIP-BRASIL. CATALOGAÇÃO NA PUBLICAÇÃO
SINDICATO NACIONAL DOS EDITORES DE LIVROS, RJ

K41t

Kelsen, Hans, 1881-1973
Teoria pura do direito : introdução à problemática jurídico-científica / Hans Kelsen ; tradução e estudo introdutório Alexandre Travessoni Gomes Trivisonno. - 1. ed. - Rio de Janeiro : Forense Universitária, 2021.

Tradução de : Reine Rechtslehre
Inclui índice
ISBN 978-85-309-9207-1

1. Direito - Filosofia. I. Trivisonno, Alexandre Travessoni Gomes. II. Título.

20-67029

CDU: 340.12

Camila Donis Hartmann - Bibliotecária - CRB-7/6472

Sumário

Teoria Pura do Direito

Introdução à Problemática Jurídico-Científica

1ª edição alemã, 1934

Nota sobre a Tradução

Alexandre Travessoni Gomes Trivisonno

1. Introdução: a Primeira Edição Alemã da *Teoria Pura do Direito*, Algumas Traduções e a Tradução que Ora se Publica

Não está disponível, atualmente, no mercado, uma tradução em língua portuguesa da primeira edição da *Teoria Pura do Direito* de Kelsen, embora ela e textos próximos a ela já tenham sido traduzidos para a nossa língua. Vejamos.

Em 1939 foi publicada, pela editora Arménio Amado (Coimbra), a obra *Teoria Pura do Direito*, de Hans Kelsen. Essa obra, que foi traduzida por Fernando de Miranda,[1] não constitui, porém – como pode parecer –, uma tradução da primeira edição canônica e definitiva em alemão da *Teoria Pura do Direito*, publicada pela editora

---

1 Fernando de Miranda já havia traduzido uma obra de Kelsen, publicada em Portugal, em 1938, pela mesma editora (Arménio Amado, Coimbra), na mesma coleção em que a *Teoria Pura do Direito* foi publicada (Coleção *Studium*). Fernando Pinto Loureiro afirma, em seu Prefácio à *Teoria Pura do Direito*, publicada pela editora Arménio Amado, que "Kelsen fêz um resumo da *Teoria Geral do Estado* que, não tendo sido publicado em alemão, foi logo traduzido em várias línguas. É esse resumo, precioso de concisão e de clareza, que constitui o nº 8 da *Colecção Studium*" (PINTO LOUREIRO, Fernando. Prefácio, in: KELSEN, Hans. *Teoria Pura do Direito*. Coimbra: Arménio Amado, 1939, p. XVI). Em síntese, a *Teoria Geral do Estado*, publicada pela editora Arménio Amado, em 1938, não é uma tradução da versão alemã, publicada em 1925.

Franz Deuticke (Leipzig e Viena), em 1934. Fernando de Miranda não aponta o texto original a partir do qual a tradução foi feita, mas uma análise de seu conteúdo permite concluir que, embora a tradução seja semelhante ao texto da primeira edição alemã da *Teoria Pura do Direito*, há diferenças essenciais. Menciono algumas delas. Enquanto o prefácio da primeira edição da *Teoria Pura do Direito* publicada em alemão pela editora Franz Deuticke, em 1934, conta com cerca de sete páginas e é assinado em Genebra, datando de maio de 1934, o prefácio que aparece na tradução de Fernando de Miranda é mais curto, com cerca de três páginas, sendo assinado em Viena datando de setembro de 1933. O texto traduzido por Fernando de Miranda possui oito capítulos, enquanto a primeira edição da *Teoria Pura do Direito* publicada pela editora Franz Deuticke possui nove capítulos. Uma comparação minuciosa que realizei, por sugestão de Júlio Aguiar de Oliveira, entre a tradução de Fernando de Miranda e a tradução da primeira edição da *Teoria Pura do Direito* para o espanhol, realizada por Luis Legaz Lacambra, intitulada *El Método y Los Conceptos Fundamentales de la Teoría Pura del Derecho* (publicada em Madri pela Editora Revista de Derecho Privado, em 1933, com reimpressões posteriores), aponta praticamente uma identidade entre o texto de Fernando de Miranda e o texto de Legaz Lacambra. Além de a tradução de Legaz Lacambra conter também apenas oito capítulos e prefácio mais curto (assinado também em Viena e também datado de setembro de 1933), a estrutura e sentido desses dois textos, desde o prefácio de Kelsen (com exceção de um parágrafo da edição espanhola, que se refere à Espanha) até o final, é virtualmente idêntica. Portanto, as diferenças que existem entre a tradução portuguesa de Fernando de Miranda e a primeira edição da *Teoria Pura do Direito* publicada em alemão (1934; Franz Deuticke) são as mesmas que existem entre a tradução de Legaz Lacambra e a edição alemã (1934; Franz Deuticke). Por isso, uma breve análise da história de publicação da tradução de Legaz Lacambra pode ajudar a compreender a história de publicação da tradução de Fernando de Miranda.

Em primeiro lugar é preciso ressaltar que a obra de Kelsen traduzida por Legaz Lacambra foi intitulada, como já ressaltado acima, *El Método y Los Conceptos Fundamentales de la Teoría Pura del Derecho*, o que poderia levar alguns a pensar que essa obra foi traduzida a partir do artigo que Kelsen publicou, em 1933, em alemão, na revista *Annalen der critische Philosophie* (n. III), intitulado *Methode und Grundbegriff der reinen Rechtslehre*. Isso porque a tradução literal de *Methode und Grundbegriff der reinen Rechtslehre* seria, em espanhol, *Método y Concepto Fundamental de la Teoría Pura del Derecho* (em português *Método e Conceito Fundamental da Teoria Pura do Direito*), que é, como se percebe, muito próximo do título que foi dado à tradução espanhola de Legaz Lacambra. Mas o texto de Legaz Lacambra não é uma tradução do artigo *Methode und Grundbegriff der reinen Rechtslehre*. Esse artigo é bem mais curto que o texto traduzido por Legaz Lacambra, contendo três seções, que correspondem apenas aos capítulos I, II e III da *Teoria Pura do Direito*.

Felizmente, o próprio Legaz Lacambra esclarece, no prefácio da edição espanhola da *Teoria Pura do Direito*, publicada em 1933, a partir de qual texto sua tradução foi realizada: "Devo gratidão ao grande mestre – meu mestre – e amigo, o professor Hans Kelsen, por ter-me dado oportunidade de associar meu nome ao seu, brindando-me com a tradução deste precioso trabalho, *inédito em alemão*, em que se expõem as linhas fundamentais da teoria pura do direito" (grifos meus).[2] A edição em espanhol, traduzida por Legaz Lacambra e publicada em 1933 (ou seja, antes da edição alemã de 1934), baseou-se, portanto, em um manuscrito enviado por Kelsen a Legaz Lacambra, em um momento em que o texto definitivo em

---

[2] No original: "Debo gratitud al gran maestro – mi maestro – y amigo el profesor Hans Kelsen por haberme dado ocasión de asociar mi nombra al suyo, brindándome la traducción de este precioso trabajo, inédito en alemán, en el que se exponen las líneas fundamentales de la teoría pura del Derecho" (KELSEN, Hans. *Teoría Pura del Derecho*. Tradução de Luís Legaz Lacambra. Madri: Editorial Reus, 2009, p. 15).

alemão, que em 1934 foi publicado pela editora Franz Deuticke, ainda não estava pronto.[3]

Considerando que, como notado acima, entre a versão espanhola traduzida por Legaz Lacambra (1933) e a tradução de Fernando de Miranda (1939) há praticamente identidade, pode-se concluir que ou Fernando de Miranda realizou sua tradução a partir do mesmo manuscrito em alemão que serviu de base para a tradução de Legaz Lacambra ou que Fernando de Miranda realizou sua tradução a partir do texto em espanhol traduzido por Legaz Lacambra. Não se pode afirmar com absoluta certeza qual das duas opções de fato corresponde à história da tradução de Fernando de Miranda, mas dois indícios apontam em direção à segunda opção. Em primeiro lugar, não faria muito sentido, em 1939, partir de um manuscrito redigido em alemão e não publicado quando já estava disponível a obra definitiva (publicada pela Editora Franz Deuticke, em 1934). Em segundo lugar, a semelhança de nomenclatura entre a tradução de Legaz Lacambra e a tradução de Fernando de Miranda sugere que este partiu do texto daquele.

Isso não significa, porém, que essa tradução de Fernando de Miranda não seja importante; pelo contrário, ela foi de extrema

---

[3] Segundo Jestaed, além da versão espanhola, outras traduções de versões prévias à primeira edição alemã da *Teoria Pura do Direito* foram publicadas em outros países (cf. JESTAED, Matthias. Hans Kelsens Reine Rechtslehre. Eine Einführung, in: KELSEN, Hans. *Reine Rechtslehre. Einleitung in die rechtswissenschaftliche Problematik. Studienausgabe der 1. Auflage 1934.* Tübingen: Mohr Siebeck, 2008, p. XLVII-XLVIII). Mas, na verdade, algumas dessas traduções foram feitas a partir do artigo publicado em alemão, em 1933, na revista *Annalen der critische Philosophie* (n. III), que, como vimos, corresponde apenas aos capítulos I a III da versão publicada em 1934 por Franz Deuticke. Como ressalta Mario G. Losano, esse é o caso da tradução italiana de Renato Treves, pulicada como "*La Dottrina Pura del Diritto. Metodo e concetti fondamentali*" (Archivio Giuridico, Quarta Serie, XXVI, 1933; cf. LOSANO, Mario G. *Forma e Realtà in Kelsen*. Milano: Edizioni di Comunità, 1981, p. 187). Sobre a tradução italiana de Treves, cf. ainda LOSANO, Mario G. Saggio Introduttivo, in: KELSEN, Hans. *La Dottrina Pura del Diritto*. Tradução de Mario G. Losano. Torino: Einaudi, 1966, p. XXXVI-XXXVII; LOSANO, Mario G. *Krieg und Frieden bei Kelsen – gestern und heute*, no prelo, p. 2-4.

importância não só para a divulgação das ideias de Kelsen nos países de língua portuguesa, chegando inclusive a ter uma versão publicada no Brasil, como também – e isso é de grande importância até hoje – para a formação de um léxico kelseniano em língua portuguesa.[4]

Em 2002 foi realizada, por José Cretella Júnior e Agnes Cretella, outra tradução da primeira edição da *Teoria Pura do Direito*, que foi publicada, em São Paulo, pela Editora LTr (tradução que, contudo, não se encontra disponível no mercado). Como se lê no anverso da folha de rosto da própria obra, o original que serviu de base para a tradução foi a primeira edição da *Teoria Pura do Direito*, publicada pela editora Franz Deuticke, em Viena e Leipzig, em 1934. Porém, na nota dos tradutores, lê-se que o texto traduzido teria sido "nada mais que um resumo, escrito em alemão pelo próprio Hans Kelsen, em 1933, versando alguns temas não tratados em sua obra mais ampla,

---

[4] É curioso notar ainda que, tanto na tradução de Legaz Lacambra quanto na tradução de Fernando Miranda, são encontradas, no índice, respectivamente, as expressões "La pirámide jurídica" e "A pirâmide jurídica" para se referir àquilo que, na edição alemã de 1934, publicada pela editora Franz Deuticke, aparece como "estrutura escalonada da ordem jurídica" ("Stufenbau der Rechtsordnung"). Não é possível determinar se Kelsen utilizou, no manuscrito que enviou a Legaz Lacambra, uma expressão como "Rechtspyramide" ou se Legaz Lacambra traduziu a expressão "Stufenbau" como "pirámide jurídica". Contudo, é possível afirmar que o fato de, na Península Ibérica e na América Latina, ser usada ainda hoje a expressão "a pirâmide de Kelsen" para se referir à estrutura escalonada da ordem jurídica (em Kelsen), e na Alemanha não, decorre, provavelmente, da presença das expressões "La pirámide jurídica" e "A pirâmide jurídica", respectivamente, nas traduções de Legaz Lacambra e Fernando Miranda. A expressão "pirâmide jurídica" ("Rechtspyramide") foi empregada por Adolf Julius Merkl, que desenvolveu originalmente a teoria da estrutura escalonada do direito, que foi recepcionada por Kelsen. Na obra *A Dupla Face do Direito*, Merkl afirma que a "pirâmide jurídica" seria "coroada" por uma infinidade de decisões, disposições e sentenças; logo depois disso ele afirma a possibilidade de se "inverter a pirâmide", passando a constituição para o cume (MERKL, Adolf Julius. Das doppelte Rechtsantlitz, in: MERKL, Adolf Julius. *Gesammelte Schriften*, Bd. I/1, Dorothea Mayer-Maly, Herbert Schambeck e Wolf-Dietrich Grussmann (orgs.). Berlin: Duncker & Humblot, 1993, p. 227-252, p. 228-234).

a *Allgemeine Staatslehre*".[5] Além disso, o prefácio que consta na obra não é o prefácio que aparece na primeira edição da *Teoria Pura do Direito* publicada pela editora Franz Deuticke, em 1934, mas antes exatamente o mesmo prefácio que aparece na *Teoria Pura do Direito* publicada em Coimbra, em 1939, o prefácio curto assinado em Viena,[6] datado de setembro de 1933.

Há, portanto, uma certa falta de clareza em relação aos textos originais que serviram de base para as traduções existentes em língua portuguesa da primeira edição da *Teoria Pura do Direito*. Para evitar esse problema, consigno aqui expressamente que a edição que serviu de base para a tradução que ora apresento foi *Reine Rechtslehre – Einführung in der Rechtswissenschaftliche Problematik*, publicada pela editora Franz Deuticke (Leipzig e Viena), em 1934. Essa é a versão canônica e definitiva da primeira edição da *Teoria Pura do Direito*.

---

5 Curiosamente, essa observação dos tradutores é semelhante à que faz Fernando Pinto Loureiro, autor do prefácio à tradução de Fernando de Miranda, publicada em 1939. Referindo-se à obra prefaciada, ele afirma: "O presente livro [*Teoria Pura do Direito*, publicada em 1939] é também um resumo feito pelo próprio Kelsen, dos principais aspectos da sua obra não versados na *Teoria Geral do Estado*." (PINTO LOUREIRO, Fernando. Prefácio, in: KELSEN, Hans. *Teoria Pura do Direito*. Coimbra: Arménio Amado, 1939, p. XVI). No caso da observação de Fernando Pinto Loureiro, fica claro que se trata de um resumo das ideias de Kelsen não contidas na *Teoria Geral do Estado*, e não de um resumo de outra obra específica (por exemplo um outro livro). Infelizmente, no caso da tradução de José Cretella Júnior e Agnes Cretella, a observação mencionada acima e o fato de aparecer na capa e na folha de rosto da tradução a expressão "versão condensada pelo próprio autor" podem transmitir a falsa ideia de que a primeira edição da *Teoria Pura do Direito* é um resumo de outra obra (ou seja, de um outro livro).

6 Curiosamente, os tradutores denominam esse prefácio "Prólogo da Edição de Viena". Mas, como vimos, embora assinado em Viena, ele não é o prefácio da edição de Viena, e sim o prefácio da tradução espanhola de Legaz Lacambra e da tradução portuguesa de 1939. O prefácio de Kelsen à edição alemã de 1934 (que os tradutores denominam "Edição de Viena") é, como vimos, assinado em Genebra. Essa tradução de 2002 contém ainda o prefácio à tradução francesa da primeira edição da *Teoria Pura do Direito* ("Prólogo de Kelsen à Edição de Thévenaz"), publicada em 1953.

O livro original foi quase integralmente traduzido: o Prefácio de Kelsen (p. III a IX do original), o Índice (p. XI a XV do original), o Corpo do Texto (p. 1 a 154 do original) e o Índice Remissivo de Conteúdos (p. 223 a 236 do original) integram a edição que ora se apresenta. Ficou de fora da tradução apenas a "Bibliografia da Teoria Pura do Direito" ("*Bibliographie der Reinen Rechtslehre*", p. 155 a 222 do original), elaborada por Rudolf Aladár Métall, contendo uma lista das principais obras de Kelsen publicadas até então e uma lista de obras de outros autores sobre a teoria pura do direito.

A já mencionada indisponibilidade no mercado de uma tradução da primeira edição da *Teoria Pura do Direito* em língua portuguesa, sua importância no âmbito jurídico-científico e a necessidade de se oferecer à comunidade científica de língua portuguesa linguística uma tradução atualizada dessa obra motivaram o Grupo GEN e a mim a realizar a empreitada de publicar a tradução que ora se apresenta. A publicação dessa importante obra permitirá àqueles leitores de língua portuguesa interessados no pensamento de Kelsen conhecer as principais características de sua teoria na década de 1930 e compará-las às características de sua obra em outros períodos.

2. Diretrizes Gerais da Tradução

Quando de uma tradução, o tradutor se encontra, muitas vezes, diante de difíceis opções que envolvem escolhas que aparentemente se equivalem, mas que, analisadas mais de perto, exigem a consideração de razões de diferente natureza, a favor e contra determinada opção de tradução. Não é possível, em uma nota introdutória, justificar todas as escolhas realizadas ao longo da tradução, muito menos desenvolver uma análise filosófica da atividade de traduzir em geral. É, contudo, não só possível como também necessário apresentar as diretrizes gerais que guiaram a tradução realizada, bem como justificar algumas escolhas particulares.

As diretrizes gerais que guiam uma tradução dizem respeito, principalmente, à tensão entre literalidade e sentido. Em relação a elas, diversas posições podem ser adotadas. Alguns tradutores tendem a dar peso excessivo à literalidade, comprometendo – pelo menos em alguns casos – o sentido. Outros tendem a considerar apenas o sentido, desprezando integralmente a literalidade, mesmo em casos em que seria possível conciliar literalidade e sentido. Um terceiro grupo, no qual me encontro, tenta encontrar uma solução equilibrada entre literalidade e sentido. Esse equilíbrio exige, a meu ver, que o tradutor abra mão de seu estilo de escrever para tentar transportar, para a língua de destino, o estilo do autor, sem porém violá-la.

Assim, a diretriz geral que usei na tradução foi a seguinte: *o sentido sempre deve ter a preferência, mas a literalidade deve ser contemplada, sempre que possível.* Isso significa que, quando uma passagem original podia ser traduzida por exemplo de dois modos em português, um modo estilisticamente mais belo mas não literal e outro modo estilisticamente menos belo mas literal, o segundo foi preferido. Porém, é claro que isso não significa que, quando a opção por uma tradução literal comprometia o sentido, ela foi adotada. Nesse caso, e somente nesse caso, a tradução literal foi deixada de lado.

A impossibilidade de uma tradução literal pode ocorrer devido a diversos fatores. Um deles é o seguinte: quando a tradução tem por objeto um texto técnico-científico, como é o caso da obra aqui traduzida, alguns termos técnicos não encontram um correspondente exato na língua de destino. Isso se dá, sobretudo, pelas particularidades técnicas dos diferentes sistemas jurídicos envolvidos na questão, ou seja, o sistema jurídico correspondente ao local (e à língua) em que o texto original foi produzido e o sistema jurídico correspondente ao local (e à língua) para qual o texto está sendo traduzido. Esse problema se agrava quando, por exemplo, traduz-se um texto técnico-jurídico produzido na tradição dos sistemas jurídicos romano-germânicos para a língua própria da tradição do *common law*, ou vice-versa (por exemplo, quando se traduz um texto do português para o inglês ou do inglês para o português). No caso da tradução de textos de Kelsen para a língua portuguesa, ou, mais precisamente, no caso da tradução dos textos que Kelsen produziu em alemão e sob o pano de fundo da cultura romano-germânica – como é o caso da primeira edição da *Teoria Pura do Direito* – para a língua portuguesa, o problema é minorado, mas ele existe.

É preciso ressaltar que a aplicação da diretriz geral mencionada acima teve que ser abrandada em virtude do fato de já existir um léxico kelseniano em língua portuguesa. Quando um autor a ser traduzido já foi amplamente traduzido na língua de destino, como é o caso de Kelsen em relação à língua portuguesa, já se formou um léxico referente à obra do autor nessa língua de destino. Se, por um lado, esse léxico não pode ser desprezado, por outro lado, ele não vincula o tradutor de modo absoluto, pois, se assim fosse, nunca seriam possíveis novas traduções. Assim, o tradutor algumas vezes seguirá a tradição lexical formada, outras vezes não. O importante é que haja razões que guiem a tomada de decisão em relação a essas decisões de seguir ou não a tradição, e que essas razões sejam aplicadas de forma coerente a todos os casos.

Assim, considerando a existência de um léxico kelseniano em língua portuguesa, na aplicação da diretriz geral mencionada acima, ou seja, na aplicação da diretriz geral que determina a precedência do sentido mas a observância, sempre que possível, da literalidade, adotei uma diretriz adicional, uma diretriz geral secundária referente à manutenção relativa da tradição. Essa diretriz reza: *a tradição lexical referente a determinado autor ou tema deve ser seguida, exceto quando essa tradição se mostrar, por alguma razão, inadequada.* Isso significa que quando uma palavra ou expressão do texto original podia ser traduzida de mais de uma maneira foi adotada a tradução já consagrada pela tradição em língua portuguesa, ou seja, a tradição que começou a ser estabelecida pelo trabalho de Fernando de Miranda, que passa pelo trabalho de vários outros tradutores, mas que foi decididamente influenciada pela boa e amplamente divulgada tradução da segunda edição da *Teoria Pura do Direito*, de autoria de João Baptista Machado, publicada inicialmente em Portugal pela editora Arménio Amado (Coimbra), em 1962, e no Brasil pela Editora

Martins Fontes (São Paulo), em 1985, com reedições e reimpressões sucessivas em Portugal e no Brasil até a presente data.

Pode parecer estranho que se tenha usado, em certa medida, para a tradução de um texto anterior (a primeira edição da *Teoria Pura do Direito*, de 1934), o léxico da tradução de um texto posterior (a segunda edição da *Teoria Pura do Direito*, de 1960). Isso porém se justifica porque a segunda edição da *Teoria Pura do Direito* – embora represente, como afirma o próprio Kelsen em seu *Prefácio*, uma completa reelaboração das ideias da primeira edição – contém temas e termos que estão presentes na primeira edição. Além disso, a referida tradução da segunda edição da *Teoria Pura do Direito* constitui a obra de Kelsen mais amplamente divulgada em língua portuguesa, o que faz com que o léxico nela presente desempenhe um papel central na formação do léxico kelseniano em língua portuguesa.

A aplicação dessa diretriz secundária significou, em alguns casos, abandono da tradução literal. Um exemplo pode ajudar a melhor compreender sua aplicação. A expressão alemã "*Stufenbau der Rechtsordnung*", empregada por Kelsen no original, pode ser traduzida de vários modos. Citarei apenas dois: "estrutura escalonada da ordem jurídica", que foi a expressão empregada primeiramente por Fernando de Miranda e posteriormente por João Batista Machado, e "construção em níveis da ordem jurídica". Ambas as traduções são fiéis ao sentido que Kelsen quer expressar; porém, enquanto a primeira se distancia mais de uma tradução literal, a segunda se aproxima mais de uma tal tradução literal.

A aplicação da primeira diretriz geral levaria então à escolha da segunda. Por outro lado, isso geraria, entre os leitores, certa confusão: aquele termo que, já há décadas, consagrou-se como expressão dessa teoria em língua portuguesa, a expressão "estrutura escalonada da ordem jurídica", seria substituído, na tradução que ora se publica, por "construção em níveis da ordem jurídica". Para evitar essa confusão, utilizei a expressão "estrutura escalonada da ordem jurídica", consagrada pela tradição. O mesmo foi feito em relação a outras expressões. Não é possível, porém, enumerar todos os casos aqui.

3. Algumas Observações sobre Termos Específicos Empregados na Tradução

Cumpre novamente ressaltar que essa diretriz, que aqui denomino diretriz secundária de manutenção relativa da tradição, não foi aplicada sempre; e não foi aplicada quando a tradição consagrou um termo que não parece ser o mais adequado para expressar determinado sentido. Exemplos de não observância da tradição serão abordados a seguir, no âmbito da explicação de algumas questões particulares referentes à tradução que ora se publica, às quais passo agora.

Teoria e Doutrina. O primeiro caso particular aparece já no nome da obra traduzida. "*Reine Rechtslehre*" literalmente se traduz como "*Doutrina Pura do Direito*". Acontece que, em português (assim como em algumas outras línguas), a tradição consagrou a expressão *Teoria Pura do Direito*. É curioso notar, por exemplo, que ao traduzir para a língua portuguesa a expressão "*Rechtslehre*" (que é o título da primeira parte da obra *A Metafísica dos Costumes*), empregada por Kant, praticamente ninguém utilize a expressão "*Teoria do Direito*"; em Kant, a tradução literal ("*Doutrina do Direito*") é empregada praticamente com unanimidade. Isso pode se dever ao fato de a *Doutrina do Direito* de Kant não ser propriamente uma teoria do direito, mas antes uma parte de sua filosofia moral. De todo modo, essa dualidade evidencia que na tradução de uma expressão fatores diversos devem ser considerados. Por ter sido consagrada pela tradição, foi usada a expressão "*Teoria Pura do Direito*" para designar não só o nome da obra traduzida como o próprio nome da teoria de Kelsen ("*Reine Rechtslehre*"). Essa tradução é possível porque a "doutrina" pura do direito é, como afirma o próprio Kelsen, uma teoria ("*Theorie*"). Contudo, nos outros casos em que aparece a palavra "*Lehre*" empreguei o termo "doutrina" como tradução, e não, como fazem muitos, o termo "teoria". A razão disso foi expressar aquilo que Kelsen parece ter em mente muitas das vezes em que emprega o termo "*Lehre*": um conhecimento particular do direito, aquilo que em português se denomina "doutrina". Apenas em casos em que a tradição consagrou outra terminologia essa regra foi afastada. Assim, por exemplo, a expressão "*allgemeine Rechtslehre*" foi traduzida como "teoria geral do direito" (e não como "doutrina geral do direito"), a expressão "Staatslehre" foi traduzida como "teoria do estado" (e não como "doutrina do estado") e a expressão "*Staatsrechtslehre*" foi traduzida como "teoria jurídica do estado" (e não como "doutrina jurídica do estado").[7] Isso se deu em virtude da consagração, por parte da tradição jurídica, do uso do termo "teoria" nessas expressões (exatamente como no caso da tradução da expressão "*Reine Rechtslehre*"); assim, o emprego do termo "doutrina" não seria, nesses casos, adequado. Naturalmente, o substantivo "*Theorie*" foi sempre traduzido como "teoria".

---

[7] Cumpre ainda fazer uma observação sobre o emprego do termo "estado" na tradução da expressão alemã "*Staatsrechtslehre*". Alguns tradutores, não só de língua portuguesa, mas também de outras comunidades linguísticas neolatinas, traduzem "*Staatsrechtslehre*" como "doutrina (ou teoria) do direito público". Assim, por exemplo, o título da obra de Kelsen *Hauptprobleme der Staatsrechtslehre entwickelt aus der Lehre vom Rechtssatze* (cf. KELSEN, Hans. *Hauptprobleme der Staatsrechtslehre, entwickelt aus der Lehre vom Rechtssatze*, 2. Auflage. Tübingen: J. C. B. Mohr [Paul Siebeck], 1923), publicada em 1911 (e que constitui a tese de habilitação de Kelsen), foi traduzido em italiano como *Problemi Fondamentali Della Dottrina del Diritto Pubblico* (cf. KELSEN, Hans. *Problemi fondamentali della dottrina del diritto pubblico*. A cura de A. Carrino. Napoli: Edizioni Scientifiche Italiane, 1997). Essa tradução, no contexto da obra de Kelsen, não é a mais adequada, pois a "*Staatsrechtslehre*" de Kelsen não constitui uma análise teórica do direito público (ou seja, uma teoria do direito público), mas antes uma análise teórico-jurídica do estado. Poder-se-ia empregar, quando muito, "teoria geral do estado " como tradução de "*Staatsrechtslehre*", pelo menos no caso de Kelsen, pois essa expressão, que designa uma disciplina comumente encontrada em matrizes curriculares de cursos de direito brasileiros, tem por objeto exatamente uma análise teórico-jurídica do estado. Mas surgiria então outro problema. A expressão "teoria geral do estado" é usualmente empregada como tradução de "*allgemeine Staatslehre*", tradução essa que, inclusive – como ressalto acima –, adotei. Se a expressão "*Staatsrechtslehre*" fosse traduzida como "teoria geral do estado", a mesma expressão em língua portuguesa ("teoria geral do estado") designaria duas expressões alemãs: "*Staatsrechtslehre*" e "*allgemeine Staatslehre*". Isso geraria confusão. Por essa razão, uso, aqui, a expressão "teoria jurídica do estado" como tradução de "*Staatsrechtslehre*".

Sentença judicial e decisão. O substantivo "*Urteil*" foi traduzido como "sentença", enquanto o substantivo "*Entscheidung*" foi traduzido como "decisão". Essa opção parece contemplar o fato de "*Entscheidung*" se referir a algo mais amplo que "*Urteil*", pois há vários tipos de "decisões", tais como decisões do legislador, de uma autoridade administrativa ou de um juiz, enquanto uma sentença ("*Urteil*") é um tipo de decisão do juiz.

Espírito. O substantivo "*Geist*" foi traduzido como "espírito" todas as vezes que aparece designando um tipo de conhecimento ou qualificando-o. Assim, foi empregada, por exemplo, a expressão "ciência do espírito" como tradução de "*Geistwissenschaft*", bem como o âmbito do "espírito" para designar "*Geist*", em oposição ao âmbito da "natureza" ("*Natur*").

Jurisprudência. O substantivo "*Jurisprudenz*" foi traduzido como "jurisprudência". A palavra jurisprudência possui, na língua portuguesa, basicamente dois sentidos: um primeiro, em que ela significa decisões uniformes de cortes e tribunais, e um segundo, menos utilizado, em que ela designa a atividade de conhecimento do direito. No texto traduzido, a palavra "*Jurisprudenz*" aparece no segundo sentido. Apesar do pouco uso na língua portuguesa, preferi empregar "jurisprudência" (e não "ciência do direito") como tradução de "*Jurisprudenz*". Assim, na obra traduzida, a palavra "jurisprudência" nunca tem o sentido de decisões uniformes de cortes e tribunais; ela sempre designa a atividade de conhecimento do direito. A expressão "*Rechtswissenschaft*" foi traduzida como ciência do direito.

Pressuposto fático. O substantivo "*Tatbestand*", que, de modo geral, tanto na tradução de Fernando de Miranda quanto na tradução da segunda edição da *Teoria Pura do Direito*, de João Baptista Machado, foi traduzido como "fato", foi traduzido aqui como "pressuposto fático", pois "*Tatbestand*" não é um mero fato, mas um fato que aparece, em uma norma jurídica, como condição (pressuposto, antecedente), e ao qual é ligado (como consequência) a sanção.

Execução e implementação. Kelsen parece utilizar os termos "*Vollstreckung*" e "*Vollziehung*" como sinônimos, o que leva muitos tradutores a usarem o mesmo termo, "execução", para traduzir ambos. Como, a meu ver, constitui uma regra de boa tradução usar, *sempre que possível*, dois termos diferentes para traduzir dois termos diferentes empregados pelo autor traduzido, mesmo que esses termos tenham o mesmo sentido,[8] empreguei "execução" como tradução de "*Vollstreckung*" e "implementação" como tradução de "*Vollziehung*". No entanto, já que nem sempre é possível aplicar essa regra, também como "implementação" foi traduzido o termo alemão "*Ausführung*", e também como "execução" foi traduzido o termo alemão "*Exekution*".[9]

Ilícito. O substantivo "*Unrecht*", que se refere a um conceito muito importante não só em Kelsen mas na ciência do direito de modo geral, pode ser traduzido de modos diferentes, dependendo do contexto em que aparece. Assim, ele pode, por exemplo, se referir à "injustiça", a um "ato injusto", a um "ato antijurídico" ou a um "ato ilícito". No contexto da obra traduzida, a melhor opção é aquela que aparece na tradução da segunda edição da *Teoria Pura do Direito*, de João Baptista Machado: "ilícito". Isso porque o conceito de "*Unrecht*", em Kelsen, não se conecta de modo algum à (in)justiça. Uma outra opção seria empregar o termo que aparece na tradução de Fernando

---

8 Naturalmente nem sempre é possível aplicar essa regra, mas ela é uma regra razoável. Já uma regra oposta, que determinasse que *um termo na língua original deve sempre ser traduzido pelo mesmo termo na língua de destino*, seria absurda, pois a fixação do sentido depende do contexto. Só para citar um exemplo de caso em que uma palavra na língua original deve ser traduzida de modos diversos na língua de destino, vale a pena mencionar o verbo "*setzen*": em alguns casos ele foi traduzido como "por" (por exemplo "*gesetztes Recht*", "*direito posto*"), em outros casos ele foi traduzido como "estabelecer" (por exemplo "*normsetzendes Organ*", "*órgão que estabelece a norma*"), e em outros como "celebrar" ("*einen Vertrag setzen*", "*celebrar um contrato*").

9 Um outro exemplo de caso em que não apliquei essa regra é o seguinte: a palavra "justiça" foi usada tanto como tradução do substantivo "*Gerechtigkeit*" (justiça como propriedade daquele ou daquilo que é justo) quanto como tradução de "*Justiz*" (justiça designando o poder judiciário, as cortes de justiça); a esse respeito, cf. a observação abaixo sobre o termo Jurisdição ("*Rechtsprechung*").

de Miranda: "ato antijurídico". Porém, o termo ilícito é mais frequentemente usado na pragmática da língua portuguesa em geral, razão pela qual ele foi preferido.

Validade. Ao contrário de João Baptista Machado, que, na tradução da segunda edição da *Teoria Pura do Direito*, algumas vezes emprega o substantivo "validade" e outras vezes emprega o substantivo "vigência" como tradução do substantivo "*Geltung*", presente no original, optei por sempre empregar o primeiro. Assim, na tradução que ora se publica, a palavra "*Geltung*" foi, sem exceções, traduzida como "validade".

Coação. Ao contrário de João Baptista Machado, que, na tradução da segunda edição da *Teoria Pura do Direito*, algumas vezes emprega o termo "coação" e outras vezes emprega o termo "coerção" como tradução de "*Zwang*", optei por sempre empregar o primeiro. Assim, empreguei, sem exceções, "coação" como tradução de "*Zwang*".

Autorização. O termo "*Berechtigung*", que Kelsen usa para se referir ao direito subjetivo, foi traduzido como "autorização", e não como "faculdade" (termo que aparece na tradução de Fernando de Miranda) nem como "atribuição de um direito", termo utilizado por João Baptista Machado na tradução da segunda edição da *Teoria Pura do Direito*. "Faculdade" não parece transmitir o caráter normativo de "*Berechtigung*", a conexão essencial com o direito objetivo, o direito enquanto norma, que Kelsen quer expressar. Por outro lado, o uso da expressão "atribuição de um direito" para representar o direito subjetivo como "*Berechtigung*" parece gerar uma argumentação circular.

Delegar e delegação; atribuir poder e atribuição de poder. O verbo "*delegieren*" foi traduzido como "delegar", e, consequentemente, o substantivo "*Delegation*" foi traduzido como "delegação". A tradução dos termos "*ermächtigen*" e "*Ermächtigung*", que são também empregados por Kelsen e têm sentido próximo aos sentidos de "*delegieren*" e "*Delegation*", também merece um esclarecimento. Embora a literalidade sugira o emprego de "empoderar" como tradução do verbo "*ermächtigen*", na verdade essa tradução não seria correta, pois "empoderar" é um neologismo que significa emancipação de um determinado grupo de pessoas, e não uma função normativa. Assim, empreguei a expressão "atribuir poder" como tradução de "*ermächtigen*" e a expressão "atribuição de poder" como tradução de "*Ermächtigung*", nomenclatura empregada por João Baptista Machado na tradução da segunda edição da *Teoria Pura do Direito*.

Estrutura escalonada da ordem jurídica. Como já mencionado acima, a expressão "*Stufenbau der Rechtsordnung*" foi traduzida como "estrutura escalonada da ordem jurídica", por ser essa uma correta expressão que, além disso, já foi consagrada pela tradição inaugurada - em língua portuguesa - por Fernando de Miranda e continuada por João Baptista Machado (tradução da segunda edição da *Teoria Pura do Direito*). Porém, o substantivo "*Stufe*" não foi traduzido, como nas traduções anteriores, como "escalão", mas antes como "nível".

Direito Internacional. A expressão "*Völkerrecht*", empregada por Kelsen, pode ser traduzida tanto por "direito dos povos" quanto por "direito internacional". Ambas transmitem o sentido a que Kelsen se refere; enquanto a primeira opção tem a vantagem da literalidade (e a desvantagem de ser, na língua portuguesa atual, menos usual), a segunda tem a vantagem de ser a expressão atualmente mais usualmente empregada entre os especialistas de língua portuguesa para se referir àquilo que Kelsen quer dizer quando emprega "*Völkerrecht*". A diretriz geral que determina o emprego da tradução literal (desde que ela não implique perda de sentido) levaria ao emprego da expressão "direito dos povos". Contudo, na formulação de expressões derivadas empregadas por Kelsen, o uso de "direito internacional" gera resultados bem mais satisfatórios. Um exemplo: se, como tradução de "*Völkerrecht*", emprega-se a expressão direito dos povos, então a expressão "*Völkerrechtsordnung*" deve ser traduzida como "ordem do direito dos povos" ou "ordem jurídica dos povos". Ambas as traduções são estranhas e não usuais. Por outro lado, se, como tradução de "*Völkerrecht*", emprega-se a expressão "direito internacional", então a expressão "*Völkerrechtsordnung*" deve ser traduzida como "ordem jurídica internacional", que não só não soa estranha como é uma expressão usualmente empregada na língua portuguesa atual. Por essa razão, a expressão "*Völkerrecht*" foi traduzida como "direito internacional", e, naturalmente, nas expressões derivadas, foi mantido o emprego dessa tradução.

Jurisdição e aplicação do direito. A palavra alemã "*Rechtsprechung*", que na tradução de Fernando de Miranda foi traduzida como "jurisdição" e na tradução da segunda edição da *Teoria Pura do Direito*, de João Baptista Machado, foi traduzida como "jurisprudência", foi traduzida aqui como "jurisdição", pois quando Kelsen emprega o termo "*Rechtsprechung*" ele não se refere às decisões *uniformes* dos tribunais (que é um dos sentidos de "jurisprudência" na língua portuguesa), mas antes à atividade do poder judiciário de aplicar normas jurídicas gerais a casos concretos, criando, através de sentenças judiciais, normas individuais. A palavra jurisdição é mais adequada para expressar essa ideia, razão pela qual ela foi empregada. No que diz respeito à expressão alemã "*Rechtsfindung*", que aparece uma única vez no texto, é difícil manter uma tradução literal, pois a terminologia em língua portuguesa não se refere ao processo de encontrar ou descobrir ("*finden*") o direito aplicável ao caso concreto com a expressão "encontrar o direito" (que seria uma possível tradução literal da expressão alemã "*Rechtsfindung*"). Embora o processo de aplicação do direito envolva – do ponto de vista lógico – primeiramente encontrar o direito que se encaixa ao caso e, somente em seguida, sua aplicação a esse caso, a expressão alemã "*Rechtsfindung*", que literalmente se referiria apenas ao primeiro elemento desse processo (encontrar o direito), geralmente se traduz como "aplicação do direito", embora devesse ser traduzida como "processo de identificação e aplicação do direito". Ocorre que, na única passagem da primeira edição da *Teoria Pura do Direito* em que Kelsen menciona "*Rechtsfindung*", ele quer enfatizar que essa atividade ("*Rechtsfindung*"), que é função da jurisdição ("*Rechtsprechung*"), não tem caráter *meramente* declaratório, como sugere a nomenclatura. Isso significa que Kelsen quer mostrar que o processo de aplicação do direito não é um processo de meramente "encontrar" ou "descobrir" ("*finden*") um direito preexistente, mas antes, em certa medida, um processo que cria direito novo. Se a expressão "*Rechtsfindung*" fosse traduzida, nessa passagem, como "aplicação do direito", ou mesmo como "processo de aplicação do direito", o sentido da afirmação de Kelsen, de que a atividade de aplicar o direito não é – *como sugere a terminologia* – meramente declaratória, estaria completamente perdido. Por essa razão, traduzi "*Rechtsfindung*" como "descoberta do direito". O substantivo "*Justiz*" foi traduzido como "justiça"[10] (poder judiciário).

4. Observações Finais

Feitas essas observações sobre a tradução que ora se publica, quero agradecer a alguns colegas teóricos e filósofos do direito – que, para minha sorte, são também grandes amigos – cujo auxílio foi essencial para realizar o trabalho de tradução. Agradeço a Martin Borowski, do *Instituto de Direito Público, Teoria da Constituição e Filosofia do Direito* da *Universidade de Heidelberg* (Alemanha), pela extrema generosidade em acolher-me em Heidelberg, onde tenho permanecido por várias temporadas de pesquisa, bem como pelas discussões sobre algumas partes do texto original. Essas discussões foram muito importantes para que eu pudesse encontrar soluções adequadas para a tradução de algumas passagens da obra que ora se publica. Agradeço também a José Lamego, da *Faculdade de Direito* da *Universidade de Lisboa*, pelo auxílio no levantamento de material em Portugal e pela análise dos textos introdutórios da tradução que ora se publica. Agradeço ainda a Mario G. Losano e Stanley L. Paulson pelas incontáveis discussões e troca de material sobre a teoria de Kelsen ao longo dos anos. Agradeço especialmente a Henrique Gonçalves Neves e Júlio Aguiar de Oliveira também pelas incontáveis discussões e troca de

10 Portanto, como já ressaltado acima, em relação aos termos "*Gerechtigkeit*" e "*Justiz*", não foi possível aplicar a regra que determina o uso de dois termos diferentes em caso de emprego de dois termos diferentes no original.

material sobre a teoria de Kelsen ao longo dos anos e ainda e sobretudo pela leitura cuidadosa da tradução que ora se publica, acompanhada de sugestões de modificações. É claro que a responsabilidade por eventuais problemas no texto é, porém, inteiramente minha.

Por fim, cumpre ressaltar que, como atividade de atribuição e expressão de sentido, o ato de traduzir não envolve, a meu ver, discricionariedade em um sentido forte (ou seja, arbitrariedade). É preciso ponderar as razões que militam a favor e contra as opções de tradução disponíveis. Espero que minhas decisões se justifiquem racionalmente e que, com isso, a qualidade da tradução da primeira edição da *Teoria Pura do Direito* de Kelsen que ora se publica aproxime-se, pelo menos em alguma medida, da grandeza da obra traduzida.

Heidelberg, dezembro de 2020.
Alexandre Travessoni Gomes Trivisonno

Estudo Introdutório – O Lugar e Alguns dos Principais Temas da Primeira Edição da *Teoria Pura do Direito* no Contexto Geral da Obra de Kelsen

Alexandre Travessoni Gomes Trivisonno

1. A Primeira Edição da *Teoria Pura do Direito* e as Fases da Obra de Kelsen

Para se compreender a importância da primeira edição da *Teoria Pura do Direito*, bem como para interpretar as suas principais ideias e seu sentido geral, é preciso, primeiramente, contextualizá-la no curso geral da evolução do pensamento de Kelsen, ou seja, é necessário abordar a periodização de suas obras.

A periodização da obra de um autor costuma ser tão mais relevante quanto mais complexa e extensa for sua obra. Isso porque quanto mais complexa e extensa for a obra de um autor mais importante é identificar eventuais diretrizes gerais do pensamento desse autor em determinado período e em determinados escritos, bem como as mudanças em relação a outros períodos e outros escritos. Porém, quanto mais complexa e extensa é a obra de um autor, mais difícil é periodizá-la e maior é o dissenso – entre a comunidade científica – sobre quais são os períodos e as principais características dos períodos da obra periodizada. Assim, parece haver um certo paradoxo: os casos em que periodizações são mais necessárias são aqueles em que provavelmente não se chegará a um consenso sobre a periodização, enquanto os casos em que é fácil se chegar a uma periodização são aqueles em que uma periodização não parece de fato ser necessária. Mas isso não deve ser um motivo para, em casos de difícil periodização, abrir-se mão de realizá-la. A solução para esses casos parece ser abrir mão de buscar periodizações definitivas e encarar o debate sobre as diversas propostas de periodização como aproximações e como oportunidade de melhor conhecer a teoria periodizada.

A teoria pura do direito[1] constitui, claramente, um caso de periodização difícil mas necessária, pois Kelsen teve uma extensa e complexa produção, tendo publicado, ao longo de sua vida profissional, mais de quatrocentos trabalhos sobre diversos temas.[2]

---

[1] A expressão "teoria pura do direito" pode se referir tanto à teoria de Kelsen em geral, ou seja, à teoria expressada no conjunto de seus escritos, quanto a uma obra específica de Kelsen, a *Teoria Pura do Direito*, seja em sua primeira edição, publicada em 1934 (KELSEN, Hans. *Reine Rechtslehre. Einleitung in die Rechtswissenschaftliche Problematik*. Leipzig e Viena: Franz Deuticke: 1934; KELSEN, Hans. *Teoria Pura do Direito. Introdução à Problemática Jurídico-Científica*. Tradução de Alexandre Travessoni Gomes Trivisonno. Rio de Janeiro: Forense, 2020 [este volume]), seja em sua segunda edição, publicada em 1960 (KELSEN, Hans. *Reine Rechtslehre. Zweite, vollständig neu bearbeitete und erweiterte Auflage*. Viena: Deuticke, 1960 [as citações da segunda edição contidas neste estudo introdutório são extraídas da reimpressão: KELSEN, Hans. *Reine Rechtslehre. Zweite, vollständig neu bearbeitete und erweiterte Auflage*. Viena: Verlag Österreich, 2000, bem como da edição em português, KELSEN, Hans. *Teoria Pura do Direito*, 2ª edição, tradução de João Baptista Machado. São Paulo: Martins Fontes, 2003). Empregarei o termo "teoria pura do direito" em ambos os sentidos. Quando designar a obra de Kelsen em geral, ele não será grafado em itálico e terá suas iniciais grafadas com letras minúsculas (teoria pura do direito); quando designar um dos dois livros específicos, ele será grafado em itálico e com iniciais maiúsculas (*Teoria Pura do Direto*, 1ª edição ou *Teoria Pura do Direito*, 2ª edição). As citações das obras de Kelsen em geral, bem como das obras de outros autores, serão feitas do seguinte modo: (i.a) no caso das obras traduzidas em português, cito a partir da tradução, mas menciono a referência da obra na língua de origem; (i.b) em alguns casos altero a tradução. Quando isso ocorrer, será adicionada uma observação: "tradução alterada"; (ii) em todos os casos em que a citação na língua original não vier acompanhada de citação da tradução em língua portuguesa, a tradução é minha; nesses casos, adiciono, em nota de rodapé, o texto na língua original do qual partiu a tradução.

[2] Cf. DUXBURY, Neil. Kelsen's Endgame, in: *The Cambridge Law Journal*, Vol. 67, N. 1, 2008, p. 51-61, p. 51.

A ideia de que houve uma evolução ao longo do tempo na obra de Kelsen começou a ser debatida pelo menos desde os anos 1960. Um dos primeiros estudos a abordar essa questão foi o *Ensaio Introdutório*[3] (*Saggio Introduttivo*) de Mario G. Losano[4] à tradução italiana da segunda edição da *Teoria Pura do Direito* (*La Dottrina Pura del Diritto*, 1966).[5] Nesse estudo, Losano aborda a evolução da teoria pura do direito entre 1911 e 1960, ou seja, entre a publicação de *Principais Problemas da Teoria Jurídica do Estado Desenvolvidos a Partir da Doutrina da Proposição Jurídica* (*Hauptprobleme der Staatsrechtslehre entwickelte aus dem Lehre vom Rechtssatze*, 1911, obra que de agora em diante será denominada simplesmente *Principais Problemas*)[6] até a publicação da segunda edição alemã da *Teoria Pura do Direito* (*Reine Rechtslehre*, 2. Auflage, 1960).[7] Losano afirma haver, nesse período, diferenças notáveis que se devem tanto a causas externas à teoria, a saber, a crise que ocorreu na Europa até a metade do século XX, quanto a causas internas da teoria, como o rigor

---

3 LOSANO, Mario G. Saggio Introduttivo, in: KELSEN, Hans. *La Dottrina Pura del Diritto*. Tradução de Mario G. Losano. Torino: Einaudi, 1966, p. XIII-LVII.

4 Nesse sentido, Paulson afirmava em 1990: "além de relativas periodizações simplificadas de conceitos específicos no trabalho de Kelsen e do tratamento incidental do desenvolvimento doutrinário em conexão com sua dramática mudança após 1960, pouco foi feito nesse sentido. O único cientista, que eu conheço, que examinou com algum detalhamento o curso do desenvolvimento de Kelsen é Mario Losano". No original: "Beyond relatively uncomplicated periodizations of specific concepts in Kelsen's work and the incidental treatment of Kelsen's doctrinal development in connection with his dramatic shift after 1960, little has been done along these lines. The only scholar, to my knowledge, who has examined in any detail the course of Kelsen's development is Mario Losano" (PAULSON, Stanley L. Toward a Periodization of the Pure Theory of Law, in: *Hans Kelsen's Legal Theory, A Diachronic Point of View*, Letizia Gianformaggio (org.). Turin: G. Giappichelli Editore, 1990, p 11-47, p. 12).

5 KELSEN, *La Dottrina Pura del Diritto*.

6 KELSEN, Hans. *Hauptprobleme der Staatsrechtslehre, entwickelt aus der Lehre vom Rechtssatze*. 2. Auflage. Tübingen: J. C. B. Mohr (Paul Siebeck), 1923. De agora em diante, essa obra será citada simplesmente como *Hauptprobleme der Staatsrechtslehre*.

7 KELSEN, *Reine Rechtslehre*, 2. Auflage; KELSEN, *Teoria Pura do Direito*, 2ª edição.

com que Kelsen aplicou, em todos os seus trabalhos e em todos os problemas que abordou, sua própria promessa filosófica.[8] O estudo começa com uma investigação sobre as mudanças e a evolução ocorridas entre *Principais Problemas* (1911) e a *Teoria Geral do Estado* (*Allgemeine Staatslehre*, 1925),[9] em temas como a distinção entre ser e dever ser,[10] a categoria da imputação,[11] a norma como juízo hipotético[12] e a introdução do elemento dinâmico no direito,[13] dentre outros. Após isso, ele avalia a evolução ocorrida entre a *Teoria Geral do Estado* e a primeira edição da *Teoria Pura do Direito*[14] (*Reine Rechtslehre*, 1. Auflage, 1934),[15] bem como entre esta e a segunda edição da *Teoria Pura do Direito*,[16] passando pelo contato de Kelsen com o ambiente anglo-saxônico e a produção da *Teoria Geral do Direito e do Estado*[17] (*General Theory of Law and State*, 1945).[18]

Após o estudo de Losano, outros autores se dedicaram à evolução da teoria pura do direito de Kelsen, como, por exemplo, Schild, em 1971,[19] e Kubeš, em 1980.[20] Porém, eles não chegaram a conceber, em detalhes, as fases da obra de Kelsen e suas principais características.

---

8 LOSANO, *Saggio Introduttivo*, p. XIII.

9 KELSEN, Hans. *Allgemeine Staatslehre*. Berlin, Heidelberg e New York: Springer, 1925.

10 LOSANO, *Saggio Introduttivo*, p. XVIII-XXI.

11 LOSANO, *Saggio Introduttivo*, p. XXI-XXIV.

12 LOSANO, *Saggio Introduttivo*, p. XXI-XXIV.

13 LOSANO, *Saggio Introduttivo*, p. XXIV-XXVIII.

14 LOSANO, *Saggio Introduttivo*, p. XXXVII-XLI.

15 KELSEN, *Reine Rechtslehre*, 1. Auflage; KELSEN, *Teoria Pura do Direito*, 1ª edição (este volume).

16 LOSANO, *Saggio Introduttivo*, p. XLI-XLII.

17 LOSANO, *Saggio Introduttivo*, p. XLIII-XLV.

18 KELSEN, Hans. *General Theory of Law and State*. Cambridge: Harvard University Press, 1949.

19 SCHILD, Wolfang. Die zwei Systeme der Reinen Rechtslehre: Eine Kelsen--Interpretation, in: *Wiener Jahrbuch für Philosophie*, IV, 1971, p. 150-194.

20 Cf. PAULSON, *Toward a Periodization of the Pure Theory of Law*.

Em 1990, Eugenio Bulygin sugeriu uma periodização em três fases das obras de Kelsen: uma primeira fase, que vai de 1911 a 1940, em que elementos neokantianos e positivistas coexistem, uma fase de transição, de 1940 a 1960, e uma fase positivista, de 1960 em diante.[21]

No mesmo ano, ou seja, em 1990, Stanley L. Paulson apresentou uma proposta de periodização detalhada, em que aponta quatro fases na teoria pura do direito de Kelsen. A primeira fase, denominada construtivista, proeminente na obra *Principais Problemas*, de 1911, teria desaparecido rapidamente, por volta de 1919 ou 1920, em virtude do giro neokantiano de Kelsen. A segunda fase, denominada neokantiana forte, iria de cerca de 1920 a meados dos anos 1930. A terceira fase, neokantiana fraca, iria do final dos anos 1930 até 1960 e seria, segundo o próprio Paulson, mais uma erosão do elemento neokantiano da segunda fase do que uma nova fase.[22] Por fim, uma quarta fase, após 1960, que representaria uma ruptura com as doutrinas neokantianas, lançando mão, aparentemente, de uma teoria da vontade no direito.[23] Segundo Paulson, apenas na mudança da terceira para a quarta fase, em 1960 ou logo depois disso, pode ser traçada uma nítida linha de divisão entre as fases, pois as datas que dividem as fases anteriores não seriam tão claras, devendo por isso ser entendidas como aproximações.[24]

Na visão de Paulson, o construtivismo na obra de Kelsen se desenvolveria – na primeira fase – a partir de uma crítica sobretudo à "teoria inorgânica" de Georg Jellinek, que tenta conceber a vontade do estado como abstração a partir da noção de propósito dos servidores do estado. A crítica de Kelsen a Jellinek é dupla: em primeiro lugar, ele nega que existe um elemento comum que possa ser abstraído a partir dos objetivos comuns dos servidores do estado e,

---

21 BULYGIN, Eugenio. An Antinomy in Hans Kelsen's Pure Theory of Law, in: *Ratio Juris*, 1, 1990, p. 29-45.

22 "less a new phase than a marked erosion in the neo-Kantian dimension of the second phase, hence a weak *neo-Kantian* phase" (PAULSON, *Toward a Periodization of the Pure Theory of Law*, p. 15).

23 PAULSON, *Toward a Periodization of the Pure Theory of Law*, p. 14-15.

24 PAULSON, *Toward a Periodization of the Pure Theory of Law*, p. 15.

em segundo lugar, ele afirma que mesmo se esse elemento existisse, Jellinek não poderia chegar a ele, pois a vontade dos servidores do estado é empírica, enquanto a vontade do estado não é.[25] Na visão de Kelsen, a partir de um conjunto de vontades empíricas só se pode abstrair algo empírico, e não algo não-empírico , ou seja, a vontade de uma pessoa jurídica, não-física.[26]

Na visão de Paulson, um argumento neokantiano pode ser encontrado ainda na primeira fase construtivista de Kelsen, quando ele formula a ideia inicial de uma "norma original" ("*Ursprungnorm*").[27] Como veremos mais detalhadamente a seguir, nesse momento Kelsen ainda não emprega o termo *norma fundamental* ("*Grundnorm*"), mas fala que em toda construção jurídica deve-se partir de normas válidas, e que o ponto de partida deve sempre ser uma norma mais elevada, pressuposta.[28] Assim, segundo Paulson, o que caracteriza a entrada na segunda fase não é a introdução da norma fundamental,[29] mas antes

---

25 KELSEN, *Hauptprobleme der Staatsrechtslehre,* p. 429-450, 480-491, 522-525, 551-554, 616-618, 629-655.

26 PAULSON, *Toward a Periodization of the Pure Theory of Law*, p. 22-23. É interessante notar que, no Brasil, já em 1985, Miguel Reale, referindo-se à fase inicial da obra de Kelsen e à obra *Principais Problemas*, ressalta a relação de Kelsen com a teoria jurídica do século XIX (cf. REALE, Miguel. A Visão Integral do Direito em Kelsen, in: *Estudos de Filosofia do Direito, uma Visão Integral da Obra de Hans Kelsen*. Luiz Regis Prado e Munir Karam [orgs.]. São Paulo: LTR, 1985, p. 15-30, p. 16).

27 Essas ideias aparecem na obra *Lei Federal e Lei Estadual Segundo a Constituição da Áustria*, publicada em 1914 (KELSEN, Hans. Reichsgesetz und Landesgesetz nach österreichischer Verfassung, in: *Archiv des öffentlichen Rechts*, Band 32, Heft 1/2, 1914, p. 202-245) e em *O Problema da Soberania*, escrito entre 1915 e 1916, mas publicado apenas em 1920 (KELSEN, Hans. *Das Problem der Souveränität und die Theorie des Völkerrechts. Beitrag zu einer reinen Rechtslehre.* 2. Auflage. Tübingen: J. C. B. Mohr, 1928).

28 PAULSON, *Toward a Periodization of the Pure Theory of Law*, p. 32; cf. KELSEN, *Reichsgesetz und Landesgesetz nach österreichischer Verfassung*, p. 216-217.

29 Defendi que a ideia de uma norma fundamental já está presente em *Principais Problemas* (cf. TRAVESSONI GOMES [TRIVISONNO], Alexandre. *O Fundamento de Validade do Direito – Kant e Kelsen*, 1ª edição. Belo Horizonte: Mandamentos, 1994, p. 152 [2ª edição, 2004, p. 231]), posição que

o esforço de Kelsen em aduzir "elementos de um argumento transcendental ou neokantiano para apoiar a norma fundamental introduzida na primeira fase."[30]

Essa segunda fase, que começaria por volta de 1920, apresentaria, de início, uma retórica refletindo tanto o entusiasmo de Kelsen pela filosofia neokantiana quanto sua dívida para com os seus defensores.[31] Apenas mais tarde Kelsen teria desenvolvido argumentos com aspectos neokantianos ou transcendentais, como o caráter cognitivo da ciência do direito e um argumento transcendental que revelaria o que está pressuposto no conhecimento do direito.[32]

A terceira fase, neokantiana fraca, que, segundo Paulson, não é propriamente uma fase, não se distinguiria da segunda por apresentar um argumento transcendental mais fraco para justificar a norma fundamental. Isso porque o argumento transcendental apresentado na segunda fase ainda estaria presente, segundo Paulson, na segunda edição da *Teoria Pura do Direito* (1960). Antes, o que a caracterizaria a terceira fase seria o fato de nela Kelsen ter desafiado sua própria teoria neokantiana por meio da mudança de entendimento em algumas matérias. Três dessas mudanças mencionadas por Paulson merecem atenção. Em primeiro lugar, Kelsen teria introduzido, em sua teoria, elementos empiristas, como o conceito humeano de causalidade.[33]

---

continuo sustentando ainda hoje. Robert Walter e Paulson defendem o contrário (cf. WALTER, Robert. Entstehung und Entwicklung des Gedankens der Grundnorm, in: *Schwerpunkte der Reinen Rechtslehre,* Schriftenreihe des Hans Kelsen-Instituts, 18, Robert Walter [org.]. Viena: Manzsche Verlag, 1992, p. 47-59, p. 47; PAULSON, Stanley L. The Great Puzzle – Kelsen's Basic Norm, in: *Kelsen Revisited, New Essays on the Pure Theory of Law.* Luís Duarte d'Almeida e outros [orgs.]. Oxford: Hart Publishing, 2013, p. 43-61, p. 45).

30 No original: "to adduce elements of a neo-Kantian or transcendental argument to shore up the basic norm introduced in the first phase (PAULSON, *Toward a Periodization of the Pure Theory of Law*, p. 33-34).

31 PAULSON, *Toward a Periodization of the Pure Theory of Law*, p. 34.

32 PAULSON, *Toward a Periodization of the Pure Theory of Law*, p. 36.

33 Segundo Paulson, em 1939, Kelsen teria abandonado a noção de causalidade neokantiana, paralela à sua visão normativa de imputação, presente na segunda

Em segundo lugar, ele teria adotado doutrinas céticas, por meio da inserção de elementos decisionistas em sua teoria da interpretação, com destaque para o caso de a decisão da autoridade aplicadora da norma fora da moldura das interpretações possíveis ser considerada direito válido. Em terceiro lugar, ele teria adotado mecanismos analíticos, a exemplo da distinção apressada entre a norma jurídica e sua correspondente proposicional, a proposição jurídica (*Rechtssatz*).[34] Segundo Paulson, exceto pelas doutrinas analíticas, mudanças desse tipo entrariam em conflito com a teoria neokantiana, diminuindo, assim, sua força; por isso, em sua visão, essa fase pode ser denominada neokantiana fraca.[35]

A quarta e última fase constituiria um "exemplo consideravelmente mais dramático dessa falta de confiança [no projeto kantiano]", dado que, após 1960, o edifício kantiano teria sucumbido diante de uma teoria da vontade no direito, ou seja, o caráter misto – neokantiano e empirista – da terceira fase teria dado lugar, na quarta fase, a uma teoria integralmente empirista.[36]

Em 1996, Carsten Heidemann publicou sua tese de Doutorado, *A Norma como Fato – Sobre a Teoria das Normas de Hans Kelsen* (*Die Norm als Tatsache – zur Normentheorie Hans Kelsens*).[37] O objetivo principal do trabalho de Heidemann não foi realizar uma

---

fase, para adotar a visão humeana de causalidade, porém misturando-a com elementos kantianos (cf. PAULSON, *Toward a Periodization of the Pure Theory of Law*, p. 40-42; KELSEN, Hans. Die Entstehung des Kausalgesetzes aus dem Vergeltungsprinzip, in: *Erkenntnis – The Journal of Unified Science*, 1939, Vol. 8, No.1/3, p. 69-130, p. 125-126).

34 PAULSON, *Toward a Periodization of the Pure Theory of Law*, p. 40. O termo "Rechtssatz" já tinha aparecido em escritos anteriores de Kelsen, desde *Principais Problemas*, como ressalta o próprio Paulson. Porém, antes da segunda edição da *Teoria Pura do Direito*, Kelsen parece não distinguir, com clareza, a norma e a proposição jurídicas, ou seja, *Rechtsnorm* e *Rechtssatz*.

35 PAULSON, *Toward a Periodization of the Pure Theory of Law*, p. 40.

36 PAULSON, *Toward a Periodization of the Pure Theory of Law*, p. 46.

37 HEIDEMANN, *Carsten. Die Norm als Tatsache – zur Normentheorie Hans Kelsens*. Baden-Baden: Nomos Verlag, 1997.

periodização das obras de Kelsen, mas sim investigar o que Kelsen quer dizer com a expressão "norma".[38] Porém, segundo o próprio Heidemann, em virtude de os conceitos e argumentos de Kelsen terem sofrido consideráveis transformações - devido ao fato de terem sido produzidos em um período de mais de sessenta anos –, seria necessário dividir o seu desenvolvimento em fases, levando em consideração, sobretudo, o status da teoria do conhecimento de Kelsen e sua relação com o conceito de norma nos diferentes períodos de sua obra.

Na visão de Heidemann, a teoria pura do direito pode ser dividida em quatro fases: uma primeira fase, construtivista, que vai até 1915; uma segunda fase, transcendental-filosófica, que vai até 1935; uma terceira fase, realista, que vai até o início dos anos 1960; e uma última fase, analítico-linguística, que vai até a morte de Kelsen, em 1973.[39]

Para Heidemann, as obras da primeira fase abrangem a tese de habilitação de Kelsen, *Principais Problemas*, de 1911, bem como alguns artigos posteriores. Heidemann denomina essa primeira fase como "construtivista", adotando a terminologia que, como vimos, Paulson já havia usado para se referir a esse período inicial do desenvolvimento da teoria pura do direito de Kelsen. Ele afirma que, nos trabalhos dessa fase, encontram-se as bases da teoria pura do direito de Kelsen. Seguindo a interpretação de Paulson, Heidemann afirma que o termo "construtivista" expressa a forma específica segundo a qual os principais conceitos jurídicos essenciais, tais como *estado*, *pessoa* e *vontade* são esclarecidos: "como construções a partir da proposição jurídica".[40]

---

38 HEIDEMANN, *Die Norm als Tatsache - zur Normentheorie Hans Kelsens*, p. 19.

39 HEIDEMANN, *Die Norm als Tatsache - zur Normentheorie Hans Kelsens*, p. 19.

40 No original: "als Konstruktionen aus dem Rechtsatz" (HEIDEMANN, *Die Norm als Tatsache - zur Normentheorie Hans Kelsens*, p. 19). A expressão alemã "Rechtssatz", empregada por Kelsen, será traduzida neste trabalho como "proposição jurídica". É importante notar que houve uma evolução no sentido de "Rechtssatz" ao longo da obra de Kelsen: em *Principais Problemas* o termo designava a própria norma jurídica isolada (cf. KELSEN, *Allgemeine*

A segunda fase da obra de Kelsen, a fase transcendental , constitui, na visão de Heidemann, o auge da teoria pura do direito, por oferecer a mais refinada teoria do conhecimento jurídico que Kelsen teria defendido, além de constituir a fase mais produtiva de sua obra.[41] Essa fase começaria "com um longo período de transição, que vai de cerca de 1916 a 1922, em que especialmente os conceitos de pessoa e imputação são esclarecidos, a norma fundamental é introduzida e Kelsen se aproxima de uma fundamentação transcendental-filosófica da ciência do direito".[42] O que há de essencialmente novo nessa fase, na visão de Heidemann, é um argumento de fundamentação kantiano, ou neokantiano, cujos elementos centrais seriam o abandono da teoria da reprodução (ou reflexo),[43] a ênfase no papel

---

Staatsrechtslehre, p. 329), enquanto, na segunda edição da *Teoria Pura do Direito*, ele designa as proposições da ciência do direito que têm como objeto normas jurídicas (cf. KELSEN, *Reine Rechtslehre*, 2. Auflage, p. 73-77; KELSEN, *Teoria Pura do Direito*, 2ª edição, p. 78-83).

41 Heidemann aponta o fato de Kelsen ter produzido, nesse período, quatro monografias completas, a saber, *O Problema da Soberania e a Teoria do Direito Internacional* (KELSEN, *Das Problem der Souveränität und die Theorie des Völkerrechts. Beitrag zu einer reinen Rechtslehre* – 1920), *O Conceito Sociológico e Jurídico de Estado* (KELSEN, Hans. *Der soziologische und der juristische Staatsbegriff – Kritische Untersuchung des Verhältnisses von Staat und Recht*. Tübingen: J. C. B. Mohr, 1922), a *Teoria Geral do Estado* (1925) e a primeira edição da *Teoria Pura do Direito* (1934), bem como um considerável número de longos ensaios, cujo mais importante seria *As Bases da Doutrina do Direito Natural e do Positivismo Jurídico* (KELSEN, Hans. *Die philosophischen Grundlagen der Naturrechtslehre und des Rechtspositivismus*. Charlottenburg: Pan-Verlag Rolf Heise, 1928; cf. HEIDEMANN, *Die Norm als Tatsache – zur Normentheorie Hans Kelsens*, p. 43).

42 No original: "Die Phase beginnt mit einer langen Übergangsperiode von etwa 1916 bis 1922, in der insbesondere die Begriffe der 'Person' und der 'Zurechnung' geklärt werden, die Grundnorm eingeführt wird und Kelsen sich einer transzendentalphilosophischen Fundierung der Rechtswissenschaft annähert" (HEIDEMANN, *Die Norm als Tatsache – zur Normentheorie Hans Kelsens*, p. 43).

43 No original, "Abbildtheorie", que significa a visão de que o conhecimento é reflexo do objeto (cf. HEIDEMANN, *Die Norm als Tatsache – zur Normentheorie Hans Kelsens*, p. 46).

ativo do conhecimento e o formalismo decorrente da separação entre percepção e conhecimento (intelectual).[44] Essa fase terminaria com a primeira edição da *Teoria Pura do Direito*, de 1934, obra em que Kelsen teria procurado resumir diversas concepções, abrindo mão de oferecer uma explicação e uma fundamentação de suas teses, sobretudo nos pontos básicos de sua teoria.[45]

A terceira fase, realista, começaria na segunda metade dos anos 1930,[46] ou seja, por volta de 1935.[47] Nessa fase, teria ocorrido, na visão de Heidemann, a ruptura mais forte na teoria pura do direito: Kelsen teria abandonado a fundamentação transcendental-filosófica de sua teoria para retornar à defesa de uma teoria ingênua do conhecimento como reflexo.[48] Essa fase realista teria durado até a primeira metade dos anos 1960, tendo como principais obras os artigos *O Surgimento da Lei Causal a Partir do Princípio de Retribuição* (*Die Entstehung des Kausalgesetzes aus dem Vergeltungsprinzip*, 1939),[49] *A Teoria Pura do Direito e a Teoria Analítica do Direito* (*The Pure Theory of Law and Analytical Jurisprudence*, 1941),[50] e a *Teoria Geral do Direito e do Estado* (*General Theory of Law and State*, 1945),[51] obra adaptada a partir da já mencionada *Teoria Geral do Estado* (1925), da *Teoria*

---

44 HEIDEMANN, *Die Norm als Tatsache – zur Normentheorie Hans Kelsens*, p. 46-47.

45 HEIDEMANN, *Die Norm als Tatsache – zur Normentheorie Hans Kelsens*, p. 44. Segundo Heidemann, Kelsen teria se preocupado, na primeira edição da *Teoria Pura do Direito*, em oferecer uma conexão entre suas diversas abordagens.

46 KELSEN, *Die philosophischen Grundlagen der Naturrechtslehre und des Rechtspositivismus*, p. 335; HEIDEMANN, *Die Norm als Tatsache – zur Normentheorie Hans Kelsens*, p. 103.

47 KELSEN, *Die philosophischen Grundlagen der Naturrechtslehre und des Rechtspositivismus*, p. 335; HEIDEMANN, *Die Norm als Tatsache – zur Normentheorie Hans Kelsens*, p. 19.

48 HEIDEMANN, *Die Norm als Tatsache – zur Normentheorie Hans Kelsens*, p. 104.

49 KELSEN, *Die Entstehung des Kausalgesetzes aus dem Vergeltungsprinzip*.

50 KELSEN, Hans. The Pure Theory of Law and Analytical Jurisprudence, in: *Harvard Law Review*, 55, 1941, p. 44-70.

51 KELSEN, *General Theory of Law and State*; KELSEN, *Teoria Geral do Direito e do Estado*.

Geral do Direito Internacional Público (*Théorie Générale du Droit International Public*, 1928)[52] e da primeira edição alemã da *Teoria Pura do Direito*. Outras obras importantes desse período teriam sido a tradução e adaptação francesa da *Teoria Pura do Direito* (*Théorie Pure du Droit*, 1953),[53] bem como a consideravelmente adaptada e ampliada segunda edição alemã da *Teoria Pura do Direito*, de 1960.[54] Na visão de Heidemann, nessa fase realista, Kelsen teria adotado duas premissas fundamentais: "a ciência é o conhecimento, isto é, a descrição de objetos dados" e "objetividade significa 'verificabilidade empírica'".[55] Isso significa que o juízo ou a proposição jurídica, por um lado, e a norma jurídica, por outro lado, que nas fases anteriores se identificariam, teriam passado a ser duas coisas diferentes, pois, se o conhecimento é reflexo da realidade empírica, ele não mais constitui seu objeto, como na fase anterior, mas apenas descreve um objeto que existe empiricamente.

A quarta e última fase do pensamento kelseniano, denominada por Heidemann analítico-linguística, começa no início dos anos 1960 e seria o resultado das dificuldades que a concepção realista (da fase anterior) teria gerado na explicação do conceito de norma e na construção da lógica das normas.[56] Kelsen não produziu, nessa fase, nenhum trabalho monográfico extenso. A única obra extensa que pertence a esse período é a *Teoria Geral das Normas* (*Allgemeine Theorie der Normen*, 1979),[57] obra póstuma organizada por Kurt Hinghofer

---

[52] KELSEN, Hans. *Théorie Générale du Droit International Public: problèmes choisis*. Paris: Sirey, 1932.

[53] KELSEN, Hans. *Théorie Pure du Droit*. Tradução de Henri Thévenaz. Neuchâtel : Éditions de la Baconnière, 1953.

[54] HEIDEMANN, *Die Norm als Tatsache – zur Normentheorie Hans Kelsens*, p. 104.

[55] No original: "Wissenschaft ist Erkenntnis bzw. Beschreibung vorgegebener Gegenstände"; "Objektivität bedeutet 'empirische Verifizierbarkeit'" (HEIDEMANN, *Die Norm als Tatsache – zur Normentheorie Hans Kelsens*, p. 106).

[56] HEIDEMANN, *Die Norm als Tatsache – zur Normentheorie Hans Kelsens*, p. 159.

[57] KELSEN, Hans. *Allgemeine Theorie der Normen*. Kurt Ringhofer e Robert Walter (orgs.). Viena: Manzsche Verlag, 1979; KELSEN, Hans. *Teoria Geral das Normas*. Kurt Ringhofer e Robert Walter (orgs.). Tradução de José Florentino

e Robert Walter. As principais mudanças ocorridas nessa fase teriam sido o abandono da orientação empírica da teoria e a reabilitação das entidades ideais que tinham sido, na terceira fase, desqualificadas como metafísicas, possibilitando, assim, um retorno a argumentações da primeira e da segunda fases. Além disso, segundo Heidemann, Kelsen teria obtido êxito em sua explicação analítico-linguística da norma, que não teria, porém, substituído completamente o conceito realista.[58]

No contexto de um debate com Carsten Heidemann, Paulson apresentou uma segunda proposta de periodização, um pouco diferente da primeira. Essa proposta aparece, em 1998, no ensaio *Quatro Fases na Teoria Pura do Direito de Kelsen?* (*Four Phases in Kelsen's Pure Theory of Law?*),[59] como uma revisão crítica à periodização de Heidemann, ao que se seguiu a publicação de outros ensaios.[60]

Em sua segunda proposta de periodização, Paulson afirma existirem três fases na teoria pura do direito de Kelsen. A primeira fase, "construtivista", começaria em 1911 e seria seguida por uma fase de transição que iria de 1913 a 1922. A segunda fase, que nessa periodização ele denomina "clássica", vai de 1922 a 1960, sendo porém dividida em duas subfases: um período neokantiano, de 1922 a 1935,

---

Duarte. Porto Alegre: Sérgio Antônio Fabris Editor, 1986. Sobre os temas e estrutura dessa obra póstuma de Kelsen cf. OPALEK, Kazimierz. Überlegung zu Hans Kelsens "Allgemeiner Theorie der Normen", in: *Schriftenreihe des Hans Kelsen-Instituts*, B. 4. Viena: Manzsche Verlag, 1980.

58 HEIDEMANN, *Die Norm als Tatsache – zur Normentheorie Hans Kelsens*, p. 159-160.

59 PAULSON, Stanley L. Four Phases in Kelsen´s Pure Theory of Law? in: *Oxford Journal of Legal Studies*, 1998, Vol.18, No. 1, p. 153-166; PAULSON, Stanley L. Reflexões sobre a Periodização da Teoria do Direito de Hans Kelsen – Com Pós-Escrito Inédito, tradução de Júlio Aguiar de Oliveira. *in*: *Hans Kelsen, Teoria Jurídica e Política*. Rio de Janeiro: Forense Universitária, 2013, p. 3-37.

60 Como, por exemplo: PAULSON, Stanley L. Arriving at a Defensible Periodization of Hans Kelsen's Legal Theory, in: *Oxford Journal of Legal Studies*, Vol.19, N. 2, 1999, p. 351-364.

e um período híbrido, de 1935 a 1960.[61] A terceira e última fase, denominada "cética", começa em 1960.

Paulson afirma que a diferença entre a sua concepção e a concepção de Heidemann sobre a fase construtivista é modesta, limitando-se ao período de transição entre a primeira e a segunda fases, que para Heidemann vai de 1915 a 1922, enquanto para Paulson vai de 1913 a 1922.[62] A grande diferença entre as duas propostas estaria nas fases "transcendental" e "realista" de Heidemann, que para Paulson constituem uma única fase "clássica", dividida em duas subfases. Segundo Paulson, embora o pensamento de Kelsen tenha mudado nesse longo período que vai de 1922 a 1960, há nele uma continuidade, que se perde se ele não for visto como parte de um todo.[63] À quarta fase de Heidemann corresponderia a terceira fase de Paulson, que em ambos começa com algumas ideias contidas na segunda edição da *Teoria Pura do Direito* (1960) e teria fim com a morte de Kelsen (1973), incluída a obra póstuma *Teoria Geral das Normas* (1979).[64]

---

[61] Segundo Paulson, "[a] razão para se dividir o longo período clássico ou neokantiano em dois períodos, ao invés de se introduzir uma nova fase na periodização, é que a grande continuidade da longa fase é perdida a menos que seus dois períodos sejam vistos como parte de um único todo maior". No original: "The reason for dividing the long, classical or neo-Kantian phase into two periods rather than introducing a new phase into the periodization is that the greater continuity of the long phase is missed unless its two periods are seen as parts of a single, greater whole" (PAULSON, *Arriving at a Defensible Periodization of Hans Kelsen's Legal Theory*, p. 353).

[62] PAULSON, *Four Phases in Kelsen´s Pure Theory of Law?*, p. 161; PAULSON, *Reflexões sobre a Periodização da Teoria do Direito de Hans Kelsen – Com Pós-Escrito Inédito*, p. 16.

[63] PAULSON, *Four Phases in Kelsen´s Pure Theory of Law?*, p. 161; PAULSON, *Reflexões sobre a Periodização da Teoria do Direito de Hans Kelsen – Com Pós-Escrito Inédito*, p. 16-17.

[64] PAULSON, *Four Phases in Kelsen´s Pure Theory of Law?*, p. 161; PAULSON, *Reflexões sobre a Periodização da Teoria do Direito de Hans Kelsen – Com Pós-Escrito Inédito*, p. 16-17.

Para Paulson, o ponto central do argumento de Heidemann é que, para ele, teria havido uma ruptura radical na concepção kantiana de Kelsen sobre a identidade entre norma e juízo, defendida na fase transcendental, que teria desaparecido na fase "realista". Isso significa que, na fase transcendental, Kelsen teria defendido uma visão kantiana, segundo a qual um juízo sobre uma norma e a própria norma são a mesma coisa. Paulson destaca porém que, na fase inicial da teoria pura do direito, Kelsen usa a palavra juízo ("*Urteil*") em vários sentidos:

> No seu trabalho inicial, Kelsen usa "juízo" em não menos que cinco diferentes modos: como um rótulo para a norma hipoteticamente formulada, com um rótulo para aquilo que mais tarde ele introduziria como proposição jurídica (a leitura posterior de "Rechtssatz"), como rótulo para a formulação da norma, como um rótulo para a decisão judicial e, finalmente, como um rótulo para alegações ou afirmativas em contextos não normativos.[65]

Por outro lado, Paulson reconhece que, a partir de 1941, no artigo *A Teoria Pura do Direito e a Jurisprudência Analítica* (*The Pure Theory of Law and Analytical Jurisprudence*),[66] Kelsen teria de fato passado a diferenciar norma e proposição jurídica expressamente.[67]

---

65 PAULSON, *Four Phases in Kelsen´s Pure Theory of Law?*, p. 163, nota 50; PAULSON, *Reflexões sobre a Periodização da Teoria do Direito de Hans Kelsen – Com Pós-Escrito Inédito*, p. 19, nota 50.

66 KELSEN, *The Pure Theory of Law and Analytical Jurisprudence.*

67 PAULSON, *Four Phases in Kelsen´s Pure Theory of Law?*, p. 162; PAULSON, *Reflexões sobre a Periodização da Teoria do Direito de Hans Kelsen – Com Pós-Escrito Inédito*, p. 18. De fato, nesse escrito, Kelsen diferencia claramente norma e proposição jurídica, afirmando: "Se a jurisprudência deve apresentar o direito como um sistema de normas válidas, as proposições através das quais ela descreve seu objeto devem ser proposições de 'dever ser', afirmações nas quais um 'dever ser', não um 'ser', é expressado. Mas as proposições da jurisprudência não são, elas mesmas, normas. Elas não estabelecem deveres ou direitos. Normas através das quais os indivíduos são obrigados e autorizados a exercer um poder emanam apenas da autoridade que cria o direito. O jurista, como expoente teórico do

Segundo Paulson, o problema da interpretação de Heidemann é que, embora tenha existido uma certa identidade entre norma e juízo, por exemplo em *Principais Problemas*, essa identidade não está conectada a um argumento kantiano, sendo antes trivial.[68]

Paulson afirma ainda que, em escritos da fase por Heidemann denominada transcendental, Kelsen já teria distinguido o juízo do seu objeto. Em *Os Fundamentos Filosóficos da Doutrina do Direito Natural e do Positivismo Jurídico* (*Die philosophischen Grundlagen der Naturrechtslehre und des Rechtspositivismus*),[69] publicado em 1928, visando mostrar que um juízo normativo é verdadeiro, Kelsen teria apelado a algo diferente dele, a saber, a norma, que seria o objeto desse juízo.[70] Essa evidência textual, de 1928, demonstraria, na

---

direito, apresenta essas normas em proposições que possuem um sentido meramente descritivo, afirmações que apenas descrevem o 'dever ser' da norma jurídica. É muito importante distinguir claramente normas jurídicas que constituem o objeto da jurisprudência e as afirmações da ciência do direito que descrevem esse objeto". No original: "If jurisprudence is to present law as a system of valid norms, the propositions by which it describes its object must be 'ought' propositions, statements in which an 'ought', not an 'is', is expressed. But the propositions of jurisprudence are not themselves norms. They establish neither duties nor rights. Norms by which individuals are obligated and empowered issue only from the law-creating authority. The jurist, as the theoretical exponent of the law, presents these norms in propositions that have a purely descriptive sense, statements which only describe the 'ought', of the legal norm. It is of the greatest importance clearly to distinguish between legal norms which comprise the object of jurisprudence and the statements of jurisprudence describing that object" (KELSEN, *The Pure Theory of Law and Analytical Jurisprudence*, p. 51).

68 PAULSON, *Four Phases in Kelsen's Pure Theory of Law?*, p. 163; PAULSON, *Reflexões sobre a Periodização da Teoria do Direito de Hans Kelsen – Com Pós-Escrito Inédito*, p. 19.

69 KELSEN, *Die philosophischen Grundlagen der Naturrechtslehre und des Rechtspositivismus*.

70 Segundo Paulson, dado que Kelsen, nesse escrito, "argumenta que juízos de 'ser' e juízos de 'dever ser' não podem se contradizer, é claro que a verdade de um juízo é determinada com apelo a algo independente desse juízo, a saber, a validade da norma correspondente" (PAULSON, *Four Phases in Kelsen's Pure Theory of Law?*, p. 163; PAULSON, *Reflexões sobre a Periodização da Teoria do Direito de Hans Kelsen – Com Pós-Escrito Inédito*, p. 19).

visão de Paulson, que a tese de Heidemann sobre a identidade entre juízo e norma na fase transcendental não seria correta.[71]

Recentemente, José Lamego apresentou uma periodização das obras de Kelsen que identifica três fases na evolução da teoria pura do direito. A primeira fase, denominada fase de formação, vai de 1911 a 1934. A segunda fase, denominada fase de reorientação, vai de 1945 a 1960. A terceira e última fase, denominada derradeira, vai de 1960 a 1973.[72]

Segundo Lamego, a primeira fase é a mais interessante. Nela Kelsen continua a tradição positivista da escola alemã do direito público, representada por Carl Friedrich von Gerber, Paul Laband e Georg Jellinek, aliando-a porém a um neokantismo que se pronuncia de maneira nítida.[73] Na visão de Lamego, os traços mais visíveis do neokantismo nessa fase são o antinaturalismo e o dualismo metodológico característicos da escola sudocidental alemã (neokantismo de Baden), que, porém, mais tarde, vão dando lugar a uma maior influência do neokantismo de Marburgo, o que se percebe através da adoção do método crítico-transcendental.[74] Para Lamego, essa fase se encerra "não em virtude de uma reorientação do programa Kelseniano de análise do Direito, mas, sobretudo, como resultado da ascensão do nacional-socialismo e da anexação da Áustria pela Alemanha hitleriana, eventos que conduziram Kelsen e outros membros da Escola de Viena ao exílio, originando sua dispersão [...]".[75]

---

[71] PAULSON, *Four Phases in Kelsen´s Pure Theory of Law?*, p. 163; PAULSON, *Reflexões sobre a Periodização da Teoria do Direito de Hans Kelsen – Com Pós-Escrito Inédito*, p. 19. Essa visão foi reafirmada, com mais detalhes e argumentos, em PAULSON, *Arriving at a Defensible Periodization of Hans Kelsen's Theory*, p. 355-360.

[72] LAMEGO, José. *A Teoria Pura do Direito de Kelsen*. Lisboa: AAFDL Editora, 2019, p. 61.

[73] LAMEGO, *A Teoria Pura do Direito de Kelsen*, p. 62.

[74] LAMEGO, *A Teoria Pura do Direito de Kelsen*, p. 62.

[75] LAMEGO, *A Teoria Pura do Direito de Kelsen*, p. 63.

A fase de reorientação constitui, segundo Lamego, a "primeira exposição global da teoria pura do direito". Lamego afirma que, embora a doutrina da estrutura escalonada do direito de Adolf Julius Merkl já tivesse sido adotada por Kelsen desde a primeira fase, somente nessa segunda fase se destaca uma abordagem dinâmica do direito, que decorre dessa adoção. Além disso, segundo Lamego, Kelsen começa a se afastar da filosofia transcendental de Kant, o que faz com que os ingredientes empiristas de sua teoria passem a se destacar.[76]

Lamego ressalta que, na terceira fase, a derradeira, Kelsen passa a negar a possibilidade de uma lógica das normas, o que acontece a partir de 1965, com o artigo *Direito e Lógica* (*Recht und Logik*),[77] e se percebe ainda na *Teoria Geral das Normas*.[78]

Não é possível e nem desejável, em um estudo introdutório, avaliar qual proposta de periodização é a mais adequada, muito menos propor uma nova periodização. O objetivo da apresentação de algumas propostas de periodização das obras de Kelsen, feita acima, foi constatar que, apesar das diferenças entre as diferentes propostas de periodização das obras de Kelsen – que aliás comprovam a dificuldade dessa empreitada – há alguns pontos em comum entre elas. É suficiente, aqui, identificar um único ponto em comum que as principais periodizações da obra de Kelsen possuem: a constatação de que, quando da publicação da primeira edição da *Teoria Pura do Direito*, Kelsen se encontrava sob forte influência do neokantismo (fato reconhecido tanto por Losano quanto por Bulygin, Paulson, Heidemann e Lamego). Na próxima seção, esse caráter neokantiano da primeira edição da *Teoria Pura do Direito* será explicado mais detalhadamente, e alguns dos principais temas abordados por Kelsen nessa obra serão analisados.

---

76 LAMEGO, *A Teoria Pura do Direito de Kelsen*, p. 64.

77 KELSEN, Hans. Recht und Logik, in: *Die Wiener rechtstheoretische Schule*. Hans Klecatsky, René Marcic e Herbert Schambeck (orgs.), B. 2. Stuttgart: Franz Steiner Verlag, 2010, p. 1201-1224.

78 LAMEGO, *A Teoria Pura do Direito de Kelsen*, p. 65-66.

2. Alguns dos Principais Temas da Primeira Edição da *Teoria Pura do Direito* no Contexto da Evolução da Obra de Kelsen

Como já ressaltado, as propostas de periodização analisadas anteriormente reconhecem que, na época em que escreveu a primeira edição da *Teoria Pura do Direito*, Kelsen estava sob uma forte influência kantiana (mais precisamente neokantiana).[79] Mas em que consiste exatamente esse (neo)kantismo presente na primeira edição da *Teoria Pura do Direito*? Ora, ele consiste no modo específico como Kelsen concebe o conhecimento jurídico. A ciência do direito, enquanto conhecimento do direito, constitui - ou seja, cria - o seu objeto. O objeto não existe em si, sendo antes constituído pelo modo específico através do qual o sujeito conhece o material que lhe é dado ao conhecimento. A "legalidade específica do direito", mencionada por Kelsen, é portanto decorrente do modo específico como o objeto direito é encarado pelo cientista do direito: enquanto norma.

A adoção dessa postura (neo)kantiana evidencia uma forte influência da teoria de Hermann Cohen em Kelsen, como o próprio Kelsen reconhece no prefácio da segunda edição de *Principais Problemas*, publicada em 1923. Nesse Prefácio, Kelsen afirma, entre outras coisas, que a leitura da interpretação de Kant realizada por Cohen, contida em *A Ética da Vontade Pura* (*Ethik des reinen Willens*),[80] obra que o próprio Kelsen afirma não ter conhecido na época em que redigiu *Principais Problemas*, teria permitido que ele percebesse conscientemente que o estado não é nada mais que o direito. Kelsen declara expressamente ter chegado a essa conclusão a partir da abordagem de Cohen, segundo a qual a orientação epistemológica determina o objeto do conhecimento.[81]

---

79 Sobre essa influência (neo)kantiana em Kelsen cf. MIRANDA AFONSO, Elza Maria. *O Positivismo na Epistemologia Jurídica de Hans Kelsen*. Belo Horizonte: Movimento Editorial da Faculdade de Direito da UFMG, 1984, p. 16-18.

80 COHEN, Hermann. *Ethik des reinen Willens*. Berlin: Bruno Cassirer, 1904.

81 KELSEN, Hans, *Hauptprobleme der Staatsrechtslehre*, p. XVII.

Cohen foi uma das figurais centrais do neokantismo de Marburgo. Com a publicação de *A Teoria da Experiência de Kant* (*Kants Theorie der Erfahrung*),[82] em 1871, o objetivo de Cohen teria sido, como constata Edel, compreender corretamente a teoria de Kant para então, somente posteriormente, em *A Fundamentação da Ética de Kant* (*Kants Begründung der Ethik*),[83] publicada em 1877, bem como na segunda edição de *A Teoria da Experiência de Kant*, de 1885 (*Kants Theorie der Erfahrung, 2. Auflage*),[84] apresentar sua proposta filosófica própria, o método transcendental mencionado por Kelsen no prefácio da segunda edição de *Principais Problemas*.[85] Como afirma Edel, o método de Cohen consiste no fato de a experiência ser dada, devendo ser descobertas as condições sobre as quais a possibilidade da experiência se apoia.[86]

As condições de possibilidade da ciência só podem estar no sujeito, mais precisamente no cientista. Assim, a possibilidade de uma ciência do direito normativa depende de um ponto de vista normativo, que é o ponto de vista adotado pelo cientista do direito. A importância disso não deve ser subestimada para a teoria de Kelsen como um todo. A ciência do direito só pode ser pura porque ela se dedica ao direito somente enquanto norma, nada além disso. A pureza significa que a ciência do direito deve ser separada não só da moral, mas também da sociologia, da política, da ideologia em geral. O ponto de vista normativo concebe o direito como um conjunto de normas postas, não se preocupando se elas são justas ou não, mas

---

82 COHEN, Hermann. *Kants Theorie der Erfahrung*. Berlin: Dümmler, 1871.

83 COHEN, Hermann. *Kants Begründung der Ethik*. Berlin: Dümmler, 1877.

84 COHEN, Hermann. *Kants Theorie der Erfahrung*. 2. Auflage. Berlin: Dümmler, 1885.

85 EDEL, Geert. The Hypothesis of the Basic Norm: Hans Kelsen and Herman Cohen, in: *Normativity and Norms*, Stanley L. Paulson e Bonnie Litschewski Paulson [orgs.]. Oxford: Oxford University Press, 1998, p. 195-219, p. 201-203.

86 No original: "experience is given [...], [...] what is to be discovered are the conditions on which the possibility of experience rests" (EDEL, *The Hypothesis of the Basic Norm: Hans Kelsen and Herman Cohen*, p. 202-203).

antes se elas são válidas. A teoria pura do direito ocupa-se, como afirma Kelsen, não com o direito como ele deve ser, mas antes com o direito como ele é.[87]

Nessa abordagem normativa, a teoria pura do direito abre mão do pressuposto de uma ordem moral absoluta, da qual dependeria a validade do direito positivo. Para Kelsen, a defesa de uma ordem moral absoluta tem o caráter ideológico de conservar ou de mudar um regime, dependendo da ideologia do teórico que a pressupõe como válida. Do ponto de vista de uma ciência positivista do direito, que concebe o direito como uma ordem normativa positiva,[88] o ideal da justiça deve ser deixado de lado.[89]

A partir de um ponto de vista *puramente normativo*, Kelsen pode abordar *normativamente* – na primeira edição da *Teoria Pura do Direito* – os principais temas da teoria do direito. Essa abordagem normativa permitirá a Kelsen, em alguns casos, aprimorar ideias já existentes mas não completamente desenvolvidas pela ciência do direito positivista anterior e, em outros casos, defender novas ideias sobre conceitos jurídicos tradicionais. Vários desses temas, presentes na primeira edição da *Teoria Pura do Direito*, podem ser mencionados: em primeiro lugar, a negação dos dualismos jurídicos defendidos pela "jurisprudência tradicional". Esses dualismos são: direito positivo e direito natural, direito público e direito privado, direito objetivo e direito subjetivo, direito e estado e, por fim, direito interno (ou estatal) e direito internacional. Outros temas importantes são a compreensão do

---

[87] KELSEN, *Reine Rechtslehre*, 1. Auflage, p. 25-26; KELSEN, *Teoria Pura do Direito*, 1ª edição (este volume), p. 31.

[88] Assim, a teoria pura do direito se opõe não só ao jusnaturalismo, mas também a uma forma de positivismo que não reconhece a normatividade do direito. Sobre isso cf. JESTAED, Matthias. Hans Kelsens Reine Rechtslehre. Eine Einführung, in: KELSEN, Hans. *Reine Rechtslehre. Einleitung in die rechtswissenschaftliche Problematik. Studienausgabe der 1. Auflage 1934*. Tübingen: Mohr Siebeck, 2008, p. XXXII.

[89] KELSEN, *Reine Rechtslehre*, 1. Auflage, p. 38; KELSEN, *Teoria Pura do Direito*, 1ª edição (este volume), p. 31.

direito como uma ordem de coação (e as consequências decorrentes disso), a adoção da doutrina da estrutura escalonada da ordem jurídica, a doutrina da norma fundamental e a teoria da interpretação jurídica. Não sendo possível abordar todos esses temas aqui, analisarei apenas três deles, cuja importância julgo essencial para a teoria pura do direito: a conceituação do direito como ordem de coação e alguns de seus efeitos, a estrutura escalonada da ordem jurídica e a doutrina da norma fundamental. A escolha desses três temas se justifica na medida em que eles são temas típicos de teoria do direito, e a primeira edição da *Teoria Pura do Direito* – apesar de abordar temas tradicionais do direito público, do direito privado, da teoria do estado e do direito internacional – é uma obra de teoria do direito.

a) A Conceituação do Direito como Ordem de Coação e seus Efeitos

O ponto de vista normativo leva à constatação de que o direito é uma ordem coativa, e que a diferença específica entre direito e moral está exatamente nesse caráter coativo do direito, que não se verifica na moral.[90] Essa consideração do direito como uma ordem coativa é importante não só para a distinção entre direito e moral; ela tem um reflexo claro e marcante na teoria da estrutura das normas jurídicas defendida por Kelsen. Desde *Principais Problemas*, Kelsen já ressaltava que, por ser o direito uma ordem coativa, o dever jurídico deve ser definido com base no ato de coação que é ligado pela proposição jurídica ao fato oposto ao dever, fato esse que é, portanto, um pressuposto condicionante da aplicação da sanção.[91]

---

90 KELSEN, *Reine Rechtslehre*, 1. Auflage, p. 25-26; KELSEN, *Teoria Pura do Direito*, 1ª edição (este volume), p. 31.

91 KELSEN, *Hauptprobleme der Staatsrechtslehre*, p. 349. Em *Principais Problemas*, Kelsen afirma que a proposição jurídica, em virtude de sua conexão com a ideia de obrigação, deve contar com uma "cláusula de aplicação": os imperativos "não mate" e "pague suas dívidas" oferecem uma possibilidade de cumprimento subjetivo, mas não uma possibilidade específica de aplicação, deixando,

Na *Teoria Geral do Estado* (1925), Kelsen formula com ainda mais clareza a ideia de que a verdadeira norma jurídica não é a norma que enuncia um dever, mas antes a norma que liga um ato de coação a determinado pressuposto fático.[92] Nessa obra, ele denomina "primária" a norma que liga uma consequência, a sanção, a determinado pressuposto fático condicionante. Ele ressalta ainda que a norma que enuncia o dever, que ele denomina norma "secundária", é supérflua, e defende que a norma secundária pode ser usada apenas para expressar a relação da ordem jurídica com aquele que a observa, mas que com isso se perde aquilo que é essencial: o que define um dever jurídico é a ligação de um ato de coação a um fato estabelecido como pressuposto fático de uma norma.[93]

Na primeira edição da *Teoria Pura do Direito*, as considerações de Kelsen sobre a estrutura e a tipologia das normas jurídicas apresenta uma evolução considerável, na medida em que se conecta, de forma sistemática, a outros conceitos jurídicos fundamentais. Kelsen identifica a proposição jurídica como uma espécie de enunciado normativo obtido através da interpretação do material jurídico positivo, ao que parece identificando-a – como já havia feito em *Principais Problemas* – com a norma primária. Nesse sentido, Kelsen afirma:

> Para ela [para a teoria pura do direito], a consequência que é conectada, na proposição jurídica, a uma determinada condição, é o ato de coação estatal, ou seja, a pena e a execução civil ou administrativa, com as quais

---

por isso, sem solução o problema de como pode surgir, a partir da norma objetiva, um dever jurídico subjetivo. A solução para esse problema, segundo Kelsen, só pode ser obtida através da fórmula da proposição jurídica como juízo hipotético – que contém a "vontade" do estado – e que determina que a um determinado pressuposto fático-jurídico deve se seguir uma desvantagem (cf. KELSEN, *Hauptprobleme der Staatsrechtslehre*, p. 349).

92 KELSEN, *Allgemeine Staatslehre*, p. 47-50.

93 KELSEN, *Allgemeine Staatslehre*, p. 52-53.

> o pressuposto fático condicionante é qualificado como ilícito e o condicionado é qualificado como consequência do ilícito.[94]

Segundo Kelsen, essa concepção do direito como ordem coativa já estava presente na ciência do direito do século XIX. Porém, em sua opinião, essa teoria não conseguiu chegar a algumas conclusões a que ela própria levaria, como, por exemplo, a mudança no conceito de ilícito.[95]

A norma secundária surge a partir da ideia de que, em relação ao ordenamento jurídico, as pessoas devem se comportar de modo a evitar o ato de coação ligado pela proposição jurídica (a norma primária) a determinado ato condicionante.[96] Nesse sentido, o ordenamento jurídico pode ser, para Kelsen, resumido como conjunto de normas dirigidas a essas condutas que evitam o ato de coação, normas como "não se deve furtar, deve-se pagar um empréstimo" etc.[97] Mas Kelsen reafirma aquilo que já havia sustentado na *Teoria Geral do Estado*: quando se considera as normas secundárias, uma característica essencial do direito fica sem expressão: sua relação essencial com o ato coativo.[98]

---

94 KELSEN, *Reine Rechtslehre*, 1. Auflage, p. 25-26; KELSEN, *Teoria Pura do Direito*, 1ª edição (este volume), p. 31.

95 KELSEN, *Reine Rechtslehre*, 1. Auflage, p. 26; KELSEN, *Teoria Pura do Direito*, 1ª edição (este volume), p. 31. Kelsen entende que, diante da conceituação da norma jurídica como a norma que liga um ato de coação a uma condição, o conceito de ilícito não pode continuar sendo definido como negação do direito, o que revelaria uma postura política. O ilícito passa a ser compreendido como uma conduta determinada na proposição jurídica como condição do ato de coação nela estabelecido como consequência. Mas, como veremos adiante, ao tratar do conceito de norma secundária, Kelsen admite um "certo" acerto na ideia de ilícito como negação do direito (KELSEN, *Reine Rechtslehre*, 1. Auflage, p. 25-26; KELSEN, *Teoria Pura do Direito*, 1ª edição [este volume], p. 31).

96 KELSEN, *Reine Rechtslehre*, 1. Auflage, p. 30; KELSEN, *Teoria Pura do Direito*, 1ª edição (este volume), p. 34.

97 KELSEN, *Reine Rechtslehre*, 1. Auflage, p. 30; KELSEN, *Teoria Pura do Direito*, 1ª edição (este volume), p. 34.

98 KELSEN, *Reine Rechtslehre*, 1. Auflage, p. 30; KELSEN, *Teoria Pura do Direito*, 1ª edição (este volume), p. 34.

Na visão de Kelsen, a norma jurídica secundária pode até ser adotada para fins de simplificação e comodidade, para expressar que não se deve praticar a conduta que leva à sanção. Contudo, como já mencionado, somente a "proposição jurídica" conseguiria enunciar de forma integral e correta o conteúdo do direito: mediante a prática de determinada conduta deve ocorrer um ato de coação como consequência.[99] Essa formulação da proposição jurídica é identificada pelo próprio Kelsen como "[a] norma que estatui a conduta que evita a sanção pode ser considerada apenas como norma jurídica secundária".[100]

Em síntese, o conceito de dever jurídico é determinado com base na norma primária: "um ser humano está obrigado a determinado comportamento na medida em que o oposto desse comportamento é posto na norma jurídica como condição para um ato de coação qualificado como consequência do ilícito".[101] Essa ligação entre pressuposto e consequência jurídicas constitui a imputação.[102]

Kelsen destaca ainda que "[t]oda proposição jurídica deve necessariamente estatuir um dever jurídico, podendo também estatuir uma autorização (*Berechtigung*)".[103] Por outro lado, uma autorização (*Berechtigung*) existe, segundo Kelsen, quando a norma jurídica condiciona a aplicação da sanção a uma manifestação da vontade da

---

99 KELSEN, *Reine Rechtslehre*, 1. Auflage, p. 30-31; KELSEN, *Teoria Pura do Direito*, 1ª edição (este volume), p. 35.

100 KELSEN, *Reine Rechtslehre*, 1. Auflage, p. 30-31; KELSEN, *Teoria Pura do Direito*, 1ª edição (este volume), p. 35.

101 KELSEN, *Reine Rechtslehre*, 1. Auflage, p. 46; KELSEN, *Teoria Pura do Direito*, 1ª edição (este volume), p. 48.

102 KELSEN, *Reine Rechtslehre*, 1. Auflage, p. 33; KELSEN, *Teoria Pura do Direito*, 1ª edição (este volume), p. 37. Sobre o conceito de imputação em Kelsen e sua comparação com o conceito de imputação em Kant, cf. HRUSCHKA, Joachim. Die Zurechnungslehre Kelsens in Vergleich mit der Zurechnungslehre Kants, in: *Hans Kelsen. Staatsrechtslehrer und Rechtstheoretiker des 20. Jahrhunderts*, Stanley L. Paulson e Michael Stolleis (orgs.). Tübingen: Mohr Siebeck, 2005, p. 2-16.

103 KELSEN, *Reine Rechtslehre*, 1. Auflage, p. 48; KELSEN, *Teoria Pura do Direito*, 1ª edição (este volume), p. 49.

pessoa cujos interesses foram lesados. Essa manifestação de vontade pode ocorrer por meio de queixa ou reclamação, tornando-se, então, "direito subjetivo". Na visão de Kelsen, o direito subjetivo, como autorização, não é algo independente do direito objetivo, pois aquele existe quando determinado por este.[104]

Além dos já mencionados casos de autorização (direito privado e direito administrativo), Kelsen menciona o direito político, que é um tipo de autorização conferida ao povo, no caso das democracias indiretas, para votar em representantes, bem como aos próprios representantes para participar na produção de normas gerais.[105] Portanto, seja no âmbito da produção de normas individuais ou no âmbito da produção de normas gerais, o direito subjetivo é autorização, possuindo, assim, um caráter secundário em relação à noção de dever, e sendo dele completamente dependente.[106]

Após a primeira edição da *Teoria Pura do Direito*, Kelsen manteve essas ideias, praticamente sem alterações, nos principais tratados de teoria do direito que publicou. Tanto na *Teoria Geral do*

---

[104] A autorização é, para Kelsen, uma técnica típica do capitalismo, na medida em que protege o interesse ligado à propriedade privada, não estando, contudo, presente em todas as áreas do sistema jurídico capitalista, mas apenas em algumas, como o direito privado e determinadas partes do direito administrativo. No direito penal, segundo Kelsen, na medida em que um órgão do estado, na qualidade de autor, põe em movimento o processo de aplicação da sanção, não há de se falar em direito subjetivo. Assim, para a teoria pura do direito, o direito subjetivo existe apenas em alguns casos e, quando existe, é uma parte constitutiva da individualização da norma (KELSEN, *Reine Rechtslehre*, 1. Auflage, p. 48-49; KELSEN, *Teoria Pura do Direito*, 1ª edição [este volume], p. 49-50). Sobre a "dissolução" do conceito de direito subjetivo em Kelsen cf. HAMMER, Stefan. Braucht die Rechtstheorie einen Begriff vom subjektiven Recht? Zur objektivistischen Auflösung des subjektiven Rechts bei Kelsen, in: *Hans Kelsen. Staatsrechtslehrer und Rechtstheoretiker des 20. Jahrhunderts*, Stanley L. Paulson e Michael Stolleis (orgs.). Tübingen: Mohr Siebeck, 2005, p. 176-190.

[105] KELSEN, *Reine Rechtslehre*, 1. Auflage, p. 48-49; KELSEN, *Teoria Pura do Direito*, 1ª edição (este volume), p. 50-51.

[106] KELSEN, *Reine Rechtslehre*, 1. Auflage, p. 49-51; KELSEN, *Teoria Pura do Direito*, 1ª edição (este volume), p. 50-52.

Direito e do Estado[107] quanto na segunda edição da *Teoria Pura do Direito*[108] o direito é concebido como uma ordem de coação e a autêntica norma jurídica é aquela que liga um ato de coação a determinado pressuposto fático. Mas na segunda edição da *Teoria Pura do Direito* há uma pequena mudança na nomenclatura empregada por Kelsen. Ele não usa, como antes, os termos primária e secundária para se referir respectivamente à norma que estabelece um ato de coação como sanção e à norma que enuncia o dever, embora continue defendendo que a autêntica norma jurídica é a norma que liga um ato de coação a um pressuposto fático condicionante.[109] Segundo Kelsen, ao lado dessas autênticas normas jurídicas, existem normas não-autônomas, que são de cinco tipos: normas que enunciam o dever (antes denominadas secundárias, supérfluas), normas que estabelecem poder, normas que permitem positivamente, normas que derrogam e normas que interpretam outras normas. Segundo Kelsen, as quatro últimas não são supérfluas.[110]

Na *Teoria Geral das Normas*, Kelsen volta a empregar a terminologia norma primária/norma secundária, e continua defendendo que a norma secundária é supérflua.[111]

Portanto, a teoria da estrutura das normas jurídicas exposta na primeira edição da *Teoria Pura do Direito* foi objeto de desenvolvimento e aprimoramento ao longo da obra de Kelsen, mas suas ideias centrais permanecem inalteradas. Como consequência lógica da concepção do direito como ordem coativa, ela constitui um ponto essencial da obra de Kelsen.

---

107 KELSEN, *General Theory of Law and State*, p. 59-61; KELSEN, *Teoria Geral do Direito e do Estado*, p. 64-65.

108 KELSEN, *Reine Rechtslehre*, 2. Auflage; KELSEN, *Teoria Pura do Direito*, 2ª edição.

109 KELSEN, *Reine Rechtslehre*, 2. Auflage, p. 34; KELSEN, *Teoria Pura do Direito*, 2ª edição, p. 36.

110 KELSEN, *Reine Rechtslehre*, 2. Auflage, p. 55-59; KELSEN, *Teoria Pura do Direito*, 2ª edição, p. 59-62.

111 KELSEN, Hans, *Allgemeine Theorie der Normen*, p. 40, 108-115; KELSEN, *Teoria Geral das Normas*, p. 64, 171-181.

b) A Estrutura Escalonada da Ordem Jurídica

A doutrina da estrutura escalonada da ordem jurídica, ou seja, a ideia de que a ordem jurídica é constituída por níveis superiores e inferiores, sendo o nível inferior parcialmente determinado pelo nível superior, não estava presente em *Principais Problemas* (1911). Ela foi desenvolvida por Adolf Julius Merkel,[112] que fazia parte do

---

[112] BOROWSKI, Martin. Die Lehre vom Stufenbau des Rechts nach Adolf Julius Merkl, in: *Hans Kelsen. Staatsrechtslehrer und Rechtstheoretiker des 20. Jahrhunderts*, Stanley L. Paulson e Michael Stolleis (orgs.). Tübingen: Mohr Siebeck, 2005, p. 122-159, p. 122-123; BOROWSKI, Martin. A Doutrina da Estrutura Escalonada do Direito de Adolf Julius Merkl e Sua Recepção em Kelsen, in: *Hans Kelsen - Teoria Jurídica e Política*, Alexandre T. G. Trivisonno e Júlio A. de Oliveira (orgs.). Rio de Janeiro: Forense Universitária, 2013, p. 129-183, p. 130-132. Como ressalta Borowski, Merkl desenvolveu sua teoria com apoio em trabalhos prévios de Oskar Bülow, Albert Haenel e Rudolf Bierling (BOROWSKI, *Die Lehre vom Stufenbau des Rechts nach Adolf Julius Merkl*, p. 122; BOROWSKI, *A Doutrina da Estrutura Escalonada do Direito de Adolf Julius Merkl e Sua Recepção em Kelsen*, p 131). Ainda segundo Borowski, a doutrina da estrutura escalonada do direito de Merkl costuma ser dividida em dois períodos. O primeiro, que vai de 1915 a 1923, teria duas partes. A primeira parte começa com a primeira formulação da teoria em uma conferência de Merkl, em 1915, perante o círculo dos alunos de Kelsen, tendo tido o seu desenvolvimento em uma série de artigos entre 1916 e 1922, dentre os quais se destacam quatro. O primeiro foi *O Direito à Luz de Sua Aplicação*, que pareceu de 1916 a 1919 (as duas primeiras partes apareceram sob o título *Das Recht im Spiegel seiner Auslegung* (*O Direito Refletido em Sua Interpretação*), no periódico *Deutsche Richterzeitung*, em 1916 e 1917; as outras partes apareceram, no mesmo periódico, em 1917 e 1919, sob o título *Das Recht im Lichte seiner Anwendung* (*O Direito à Luz de sua Aplicação*); cf. MERKL, Adolf Julius. Das Recht im Lichte seiner Anwendung, in: MERKL, Adolf Julius. *Gesammelte Schriften*, Bd. I/1, Dorothea Mayer-Maly, Herbert Schambeck e Wolf-Dietrich Grussmann [orgs.]. Berlin: Duncker & Humblot, 1993, p. 85-146). O segundo trabalho importante da primeira fase do primeiro período teria sido *A Imutabilidade das Leis*, publicado em 1917 (MERKL, Adolf Julius. Die Unveränderlichkeit von Gesetzen, in: MERKL, Adolf Julius. *Gesammelte Schriften*, Bd. I/1, Dorothea Mayer-Maly, Herbert Schambeck e Wolf-Dietrich Grussmann [orgs.]. Berlin: Duncker & Humblot, 1993, p. 155-168). O terceiro seria *A Dupla Face do Direito*, publicado em 1918 (MERKL, Adolf Julius, Das doppelte Rechtsantlitz, in: MERKL, Adolf Julius. *Gesammelte Schriften*, Bd.

círculo de pesquisadores ligados a Kelsen. Kelsen a adota a partir da década de 1920, tendo-a defendido por todo o restante de sua vida profissional.[113]

Como mostra Borowski, a doutrina da estrutura escalonada da ordem jurídica foi criada por Merkl para combater uma ideia comum

---

I/1, Dorothea Mayer-Maly, Herbert Schambeck e Wolf-Dietrich Grussmann [orgs.]. Berlin: Duncker & Humblot, 1993, p. 227-252). Nesse trabalho, Merkl usa a metáfora de uma pirâmide, figura que mais tarde se tornou muito comum para designar a estrutura escalonada do direito em Kelsen, sobretudo no Brasil, na América Latina e na Península Ibérica (sobre isso cf. a *Nota sobre a Tradução*, neste volume, p. XI, nota 4). O quarto e último importante trabalho da primeira parte do primeiro período teria sido *Direito Legislado e Direito Judiciário*, publicado em 1922 (MERKL, Adolf Julius, Gesetzesrecht und Richterrecht, in: MERKL, Adolf Julius. *Gesammelte Schriften*, Bd. I/1, Dorothea Mayer-Maly, Herbert Schambeck e Wolf-Dietrich Grussmann (orgs.). Berlin: Duncker & Humblot, 1993, p. 317-327). A segunda parte do primeiro período se expressa de forma privilegiada em *A Doutrina da Coisa Julgada*, publicado em 1923 (MERKL, Adolf Julius, *Die Lehre von der Rechtskraft, entwickelt aus dem Rechtsbegriff. Eine rechtstheoretische Untersuchung*. Leipzig e Viena: Deuticke, 1923). Nessa obra, Merkl dedica uma seção inteira à estrutura escalonada do direito. Segundo Borowski, nas publicações entre 1923 e 1931, a estrutura escalonada do direito foi abordada apenas de forma acidental por Merkl, não tendo havido novos progressos, que surgem apenas no segundo período, com a obra *Prolegômenos de Uma Teoria da Estrutura Escalonada do Direito*, publicada em 1931 (MERKL, Adolf Julius, Prolegomena einer Theorie des rechtlichen Stufenbaues, in: MERKL, Adolf Julius. *Gesammelte Schriften*, Bd. I/1, Dorothea Mayer-Maly, Herbert Schambeck e Wolf-Dietrich Grussmann [orgs.]. Berlin: Duncker & Humblot, 1993, p. 437-492). Ainda segundo Borowski, Merkl não considerava acabado o desenvolvimento da doutrina da estrutura escalonada do direito, mas não voltou de forma sistemática a ela depois dos *Prolegômenos* (cf. BOROWSKI, *Die Lehre vom Stufenbau des Rechts nach Adolf Julius Merkl*, p. 141; BOROWSKI, *A Doutrina da Estrutura Escalonada do Direito de Adolf Julius Merkl e Sua Recepção em Kelsen*, p. 130).

[113] Sobre a recepção da doutrina da estrutura escalonada de Merkl por Kelsen cf. BOROWSKI, *Die Lehre vom Stufenbau des Rechts nach Adolf Julius Merkl*, p. 156-158; BOROWSKI, *A Doutrina da Estrutura Escalonada do Direito de Adolf Julius Merkl e Sua Recepção em Kelsen*, p. 176-179; PAULSON, Stanley L. How Merkl's Stufenbaulehre Informs Kelsen's Concept of Law, in: *Revus*, 21, 2013, p. 29-45.

no positivismo do século XIX: somente a lei é direito.[114] Na doutrina da estrutura escalonada constitui direito, ou seja, constituem normas jurídicas, todas as normas que vão desde a constituição até a norma individual, a norma do caso concreto. A essas normas positivas soma-se a norma fundamental, que, como veremos abaixo, não é uma norma posta, mas antes pressuposta. A cadeia que vai da norma mais elevada do sistema à norma mais baixa é composta por vários níveis, cujos principais – que inclusive são apresentados por Kelsen na primeira edição da *Teoria Pura do Direito*, são os seguintes: a norma fundamental pressuposta, a constituição, a lei (e eventualmente o costume) e, no nível das normas individuais, a sentença judicial (jurisdição), o ato administrativo individual e o contrato.[115]

A doutrina da estrutura escalonada possui extrema importância para a ciência do direito de modo geral e relevantes consequências internas na obra de Kelsen. Sejam ambas explicadas brevemente.

A importância para a ciência do direito de modo geral constitui o fato – extremamente relevante – de, a partir da doutrina da estrutura escalonada da ordem jurídica, não só a lei, mas antes toda e qualquer norma pertencente ao sistema jurídico, ou seja, à ordem jurídica, passar a ser reconhecida como direito. Assim, como já mencionado acima, o direito não é apenas a lei (norma geral produzida pelo poder legislativo), mas antes norma, seja a norma geral produzida pelo legislativo, seja a norma ainda mais geral e superior à lei (a norma constitucional), seja a norma geral posta através do costume, sejam as normas individuais postas através de sentenças e atos administrativos ou até mesmo de contratos. Essa concepção abrangente de direito, que – diga-se de passagem, prevalece ainda hoje –, é, se comparada com a tendência legalista do século XIX, inovadora.

---

[114] BOROWSKI, Martin. *Die Lehre vom Stufenbau des Rechts nach Adolf Julius Merkl*, p. 126; BOROWSKI, Martin. *A Doutrina da Estrutura Escalonada do Direito de Adolf Julius Merkl e Sua Recepção em Kelsen*, p. 136.

[115] KELSEN, *Reine Rechtslehre*, 1. Auflage, p. 67, 73-82; KELSEN, *Teoria Pura do Direito*, 1ª edição (este volume), p. 64, 69-76.

Mas a importância histórica da doutrina da estrutura escalonada da ordem jurídica não se limita à mudança de uma concepção científica; ela se relaciona a algo muito concreto e prático: o controle de constitucionalidade das leis, tema em que Kelsen desempenhou, como se sabe, um importante papel. No século XIX, sobretudo no pensamento europeu continental, a constituição não era considerada direito em um mesmo sentido que a lei. A constituição era vista como um documento político, cujas diretrizes não obrigavam juridicamente na mesma medida que as leis, os códigos – sobretudo o código civil, obrigavam. A doutrina da estrutura escalonada da ordem jurídica de Merkl, recepcionada por Kelsen, opera duas grandes mudanças em relação ao papel da constituição no direito. A primeira delas – já abordada acima – é que a constituição passa a ser considerada norma jurídica. A segunda mudança é que, sendo hierarquicamente superior às leis, a constituição pode e deve prevalecer sobre as leis quando elas a violam. Em síntese, só é possível controlar a constitucionalidade das leis se a constituição é norma e, além disso, é norma superior à lei.[116]

A importância interna da adoção, por Kelsen, da doutrina da estrutura escalonada da ordem jurídica percebe-se em vários temas por ele abordados. Os principais são a teoria da interpretação das normas jurídicas e a norma fundamental pressuposta. No caso da teoria da interpretação, isso se deve ao fato de a criação da norma inferior ser relativamente determinada pela norma superior; no caso da doutrina da norma fundamental, isso se deve ao fato de ela ser a norma mais elevada na estrutura hierárquica do direito.

Não é possível, no âmbito deste estudo introdutório, abordar a teoria da interpretação de Kelsen, que nasce em 1934, como o artigo

---

[116] A importância da doutrina da estrutura escalonada de Merkl e Kelsen não significa, porém, que ela esteja livre de críticas. Para uma análise de suas fraquezas e tentativa de reconstrução cf. KOLLER, Peter. Zur Theorie des rechtlichen Stufenbaues, in: *Hans Kelsen. Staatsrechtslehrer und Rechtstheoretiker des 20. Jahrhunderts*, Stanley L. Paulson e Michael Stolleis (orgs.). Tübingen: Mohr Siebeck, 2005, p. 106-121.

Sobre a Teoria da Interpretação (*Zur Theorie der Interpretation*),[117] cujo texto é o mesmo do Capítulo VI da primeira edição da *Teoria Pura do Direito*, e cuja essência permanece a mesma, a meu ver, até a segunda edição da *Teoria Pura do Direito* (1960).[118] Já a norma fundamental será abordada mais detalhadamente a seguir. Antes disso cumpre porém destacar que – exatamente como no caso da concepção do direito como ordem de coação (e da teoria da estrutura hipotética da norma) – também a doutrina da estrutura escalonada da ordem jurídica acompanhará Kelsen ao longo de sua vida profissional, sem modificações significativas. Só para, novamente, citar os principais tratados de Kelsen sobre teoria do direito, a doutrina da estrutura escalonada da ordem jurídica aparece na *Teoria Geral do Direito e do Estado*,[119] na segunda edição da *Teoria Pura do Direito*[120] e na *Teoria Geral das Normas*.[121]

---

117 KELSEN, Hans. Zur Theorie der Interpretation, in: *Internationale Zeitschrift für Theorie des Rechts*, 8, 1934 8, p. 9-17.

118 Segundo alguns intérpretes, como Paulson, teria havido mudanças significativas na teoria da interpretação de Kelsen, tendo ele progressivamente adotado uma teoria voluntarista que, na segunda edição da *Teoria Pura do Direito*, chegaria a um decisionismo (cf. PAULSON, Stanley L. Formalism, Free Law, and the Cognition Quandary: Hans Kelsen's Approaches to Legal Interpretation, in: *University of Queensland Law Journal*, 27, 2, 2008, p. 7-39). De fato há algumas mudanças. Cumpre porém ressaltar que, durante todo esse período – ou seja, entre 1934 e 1960 – Kelsen entende ser a aplicação do direito tanto um ato de conhecimento quanto um ato de vontade.

119 KELSEN, *General Theory of Law and State*, p. 123-161; KELSEN, *Teoria Geral do Direito e do Estado*, p. 181-206.

120 KELSEN, *Reine Rechtslehre*, 2. Auflage, p. 228-282; KELSEN, *Teoria Pura do Direito*, 2ª edição, p. 246-308.

121 Na *Teoria Geral das Normas*, Kelsen não dedica uma seção especificamente ao tema da estrutura escalonada da ordem jurídica, como havia feito na primeira e na segunda edições da *Teoria Pura do Direito*. Contudo, ao longo da obra, as ideias fundamentais dessa teoria se encontram presentes (cf. KELSEN, Hans, *Allgemeine Theorie der Normen*; KELSEN, *Teoria Geral das Normas*).

c) A Norma Fundamental

Por um lado, a norma fundamental ("*Grundnorm*") é, como reconheceu o próprio Kelsen, um dos temas mais essenciais de sua teoria.[122] Por outro lado, ela é também um dos temas mais controversos, por várias razões, dentre as quais se destaca o fato de Kelsen ter supostamente mudado sua caracterização na fase tardia de sua obra.[123]

A primeira aparição, na obra de Kelsen, da ideia de uma norma fundamental, ocorreu no artigo *Lei Comum e Lei Estadual de Acordo com a Constituição da Áustria* (*Reichsgesetz und Landesgesetz nach österreichischer Verfassung*),[124] de 1914, obra em que Kelsen não emprega o termo norma fundamental (*Grundnorm*), falando antes em uma norma originária (*Ursprungnorm*).

Em *O Problema da Soberania e a Teoria do Direito Internacional* (*Das Problem der Souveränität und die Theorie des Völkerrechts*),[125] de 1920, Kelsen coloca a questão sobre o fundamento de validade de

---

[122] Na segunda edição da *Teoria Pura do Direito*, Kelsen afirma que é essencial para o positivismo jurídico poder fornecer uma justificação para a ordem jurídica que seja independente de seu conteúdo, e acrescenta que "[p]recisamente na sua doutrina da norma fundamental se revela a Teoria Pura do Direito como teoria jurídica positivista" (KELSEN, *Reine Rechtslehre*, 2. Auflage, p. 224; KELSEN, *Teoria Pura do Direito*, 2ª edição, p. 242).

[123] Sobre isso, cf. JESTAEDT, Matthias. Geltung des Systems und Geltung im System, in: *Juristen Zeitung*, 21, 2013, p. 1009-1021, p. 1009. A norma fundamental recebeu inúmeras críticas quando Kelsen ainda era vivo, como, por exemplo, de Larenz e Passarin D'Entreves, esta última respondida por Kelsen (cf. LARENZ, Karl. *Rechts- und Staatsphilosophie der Gegenwart*. Berlin: Junker und Dünnhaupt Verlag, 1935, p. 41-47; LARENZ, Karl, *Methodenlehre der Rechtswissenschat*. Berlin, Göttingen e Heidelberg: Springer Verlag, 1960, p. 73-75; PASSARIN D'ENTREVES, Alexander. *Natural Law*. London: Hutchinson, 1951, p. 34; KELSEN, Hans, *Das Problem der Gerechtigkeit* [publicado como apêndice à segunda edição da Teoria Pura do Direito]; KELSEN, *Reine Rechtslehre*, 2. Auflage, p. 218-220; KELSEN, *Teoria Pura do Direito*, 2ª edição, p. 237-238).

[124] KELSEN, Hans, *Reichsgesetz und Landesgesetz nach österreichischer Verfassung*. Sobre isso cf. PAULSON, *The Great Puzzle – Kelsen's Basic Norm*, p. 48.

[125] KELSEN, Hans, *Das Problem der Souveränität und die Theorie des Völkerrechts*.

ordens normativas em geral, e da ordem jurídica especificamente, perguntando por que as normas do direito positivo e outras normas em geral devem ser obedecidas.[126] Ele afirma, então, que essa questão é geralmente respondida com a afirmação de um fato: as normas jurídicas devem ser obedecidas por serem comandos do estado, de um príncipe absoluto, e outras normas devem ser obedecidas por serem comandos de Deus ou da razão. Ele adiciona que a obrigatoriedade dessas normas exige, porém, a suposição de uma norma superior, que diz que os comandos do soberano, de Deus ou da razão devem ser obedecidos.[127] Essa norma superior é denominada norma originária hipotética (*hypothetische Ursprungnorm*) e, em algumas passagens, simplesmente norma originária (*Ursprungnorm*).[128] Kelsen a caracteriza como uma hipótese jurídica e afirma que ela é um pressuposto jurídico, um ponto de partida, podendo ser denominada constituição em um sentido lógico jurídico.[129] Para Kelsen, aquele que quer apreender a natureza dessa norma ou justificá-la deve voltar a um princípio geral superior que resulta da máxima da economia de pensamento (*Erkenntnisökonomie*), que seria análoga ao princípio da economia de pensamento de Mach.[130] Contudo, Kelsen afirma que, a partir de um ponto de vista meramente jurídico ou moral, esse princípio que determina o pressuposto que justifica a validade do direito e da moral possui uma natureza absolutamente extrajurídica e extramoral.[131] Isso significa que, para Kelsen, a partir de um ponto de vista meramente jurídico, o princípio que justifica a pressuposição dessa norma original não deve ser procurado.

---

[126] KELSEN, *Das Problem der Souveränität und die Theorie des Völkerrechts*, p. 96.

[127] KELSEN, *Das Problem der Souveränität und die Theorie des Völkerrechts*, p. 96.

[128] KELSEN, *Das Problem der Souveränität und die Theorie des Völkerrechts*, p. 93, 97, 100, 101.

[129] KELSEN, *Das Problem der Souveränität und die Theorie des Völkerrechts*, p. 93, 96, 97.

[130] KELSEN, *Das Problem der Souveränität und die Theorie des Völkerrechts*, p. 99.

[131] KELSEN, *Das Problem der Souveränität und die Theorie des Völkerrechts*, p. 100.

No livro *Teoria Geral do Estado* (*Allgemeine Staatslehre*),[132] publicado em 1925, essa norma pressuposta já aparece como "norma fundamental" (*Grundnorm*), sendo porém também designada, em algumas passagens, como norma originária (*Ursprungnorm*).[133] Ela é uma norma pressuposta pela ciência do direito, uma hipótese que não pertence ao direito positivo, mas que fundamenta a validade da ordem jurídica e, por isso, pode ser considerada sua "constituição lógico-jurídica".[134]

Em 1928, no ensaio *Os Fundamentos Filosóficos da Doutrina do Direito Natural e do Positivismo Jurídico* (*Die philosophischen Grundlagen der Naturrechtslehre und des Rechtspositivismus*),[135] Kelsen apresenta a norma fundamental como resposta à questão sobre a possibilidade do conhecimento jurídico. Ele afirma que a norma fundamental é uma justificação hipotética da teoria jurídica positivista, um pressuposto que propicia apreender o direito positivo.[136] Segundo Kelsen, somente a pressuposição da norma fundamental possibilita a interpretação do sentido objetivo de determinados fatos como direito, ou seja, somente a norma fundamental possibilita interpretar esses fatos como norma jurídica. Ele afirma então que a norma fundamental é a condição lógico-transcendental do conhecimento jurídico, no sentido kantiano.[137]

Na primeira edição da *Teoria Pura do Direito*, Kelsen dedica à norma fundamental duas subseções do Capítulo V, que trata da estrutura escalonada da ordem jurídica. Ele afirma, como já havia feito

---

[132] KELSEN, Hans, *Allgemeine Staatslehre*.

[133] KELSEN, *Allgemeine Staatslehre*, p. 99.

[134] KELSEN, *Allgemeine Staatslehre*, p. 249.

[135] KELSEN, *Die philosophischen Grundlagen der Naturrechtslehre und des Rechtspositivismus*.

[136] KELSEN, *Die philosophischen Grundlagen der Naturrechtslehre und des Rechtspositivismus*, p. 12.

[137] KELSEN, *Die philosophischen Grundlagen der Naturrechtslehre und des Rechtspositivismus*, p. 66. Percebe-se, aqui, a apresentação de um argumento kantiano para fundamentar a possibilidade do conhecimento jurídico, argumento já abordado acima e que reaparece em outros escritos de Kelsen (cf. PAULSON, *The Great Puzzle – Kelsen's Basic Norm*, p. 49-61).

em outras obras, que uma norma só pode se fundamentar em outra norma, pois um dever ser não pode ser derivado de um ser, tendo antes que ser derivado de outro dever ser. O ato de vontade que cria a norma é um ser, sendo uma norma positiva válida quando o ato que a estabelece é previsto em uma norma superior como uma ato criador de normas. Assim, na estrutura escalonada da ordem jurídica, o fundamento de uma sentença judicial é a lei e o fundamento da lei é a constituição. Quando se chega à primeira constituição histórica ou a uma constituição que foi criada após uma revolução, não se pode derivar sua validade de uma norma positiva superior, pois não há uma norma positiva superior a essa constituição.[138] Kelsen afirma que uma norma fundamental deve então ser pressuposta para que o direito possa ser considerado uma ordem válida.

Segundo Kelsen, somente sob o pressuposto da norma fundamental o material empírico pode ser interpretado como direito e somente mediante o pressuposto de que essa norma é válida a ordem jurídica também é válida.[139] Aquele que quer interpretar o direito como um sistema de normas válidas, argumenta Kelsen, deve pressupor a validade da primeira constituição histórica ou da constituição que foi produzida após uma revolução. Esse pressuposto é, segundo Kelsen, um fundamento hipotético.[140]

Por fim, Kelsen enfatiza que, "com a formulação da norma fundamental, não quer a teoria pura do direito de modo algum inaugurar um método essencialmente novo da jurisprudência. Ela quer apenas tornar consciente aquilo que todos os juristas – na maioria das vezes inconscientemente – fazem".[141]

---

138 KELSEN, *Reine Rechtslehre*, 1. Auflage, p. 73-99; KELSEN, *Teoria Pura do Direito*, 1ª edição (este volume), p. 69-89.

139 KELSEN, *Reine Rechtslehre*, 1. Auflage, p. 66; KELSEN, *Teoria Pura do Direito*, 1ª edição (este volume), p. 63.

140 KELSEN, *Reine Rechtslehre*, 1. Auflage, p. 66; KELSEN, *Teoria Pura do Direito*, 1ª edição (este volume), p. 63-64.

141 KELSEN, *Reine Rechtslehre*, 1. Auflage, p. 67; KELSEN, *Teoria Pura do Direito*, 1ª edição (este volume), p. 64.

Depois da primeira edição da *Teoria Pura do Direito*, a norma fundamental continua presente nos principais escritos de Kelsen. Considerando – exatamente como nos casos da caracterização do direito como ordem de coação e da estrutura escalonada da ordem jurídica – alguns dos principais tratados de teoria do direito escritos por Kelsen após 1934, vale ressaltar que a norma fundamental aparece na *Teoria Geral do Direito e do Estado*,[142] na segunda edição da *Teoria Pura do Direito*[143] e na *Teoria Geral das Normas*.[144] Mas se, por um lado, tanto na caracterização do direito como ordem de coação (e na consequente defesa de que a norma jurídica autêntica é a norma que liga um ato de coação a determinado pressuposto fático) quanto no caso da estrutura escalonada da ordem jurídica não ocorrem mudanças marcantes na teoria de Kelsen no período posterior a 1934, com a doutrina da norma fundamental teria sido diferente.

Na visão da maioria dos intérpretes de Kelsen, após 1960 ele teria mudado sua doutrina sobre a norma fundamental, deixando de caracterizá-la como hipótese e passando a caracterizá-la como ficção.[145] Existe um forte argumento a favor dessa interpretação: o

---

142 KELSEN, *General Theory of Law and State*, p. 115-122; KELSEN, *Teoria Geral do Direito e do Estado*, p. 168-178.

143 KELSEN, *Reine Rechtslehre*, 2. Auflage, p. 196-228; KELSEN, *Teoria Pura do Direito*, 2ª edição, p. 215-246.

144 Na *Teoria Geral das Normas*, uma seção específica foi dedicada aos problemas lógicos referentes ao fundamento de validade do direito (a seção 59). Cf. KELSEN, *Allgemeine Theorie der Normen*, p. 203-214; KELSEN, *Teoria Geral das Normas*, p. 323-341.

145 Nesse sentido, cf. DUXBURY, Neil, *Kelsen's Endgame*, p. 53-54; JAKAB, Andras, Problems of the Stufenbaulehre: Kelsen's Failure to Derive the Validity of a Norm from Another Norm, in: *Canadian Journal of Law & Jurisprudence*, 20, 1, 2007, p. 35-67, p. 41; JESTAED, Mathias, *Geltung des Systems und Geltung im System*, p. 1010-1011; DIAS, Gabriel Nogueira. *Positivismo Jurídico e a Teoria Geral do Direito na obra de Hans Kelsen*. São Paulo: Editora Revista dos Tribunais, 2010, p. 300-301. Uma exceção a essa linha interpretativa aparece em Walter, que afirma ter Kelsen discutido a norma fundamental em vários sentidos, mas parece reconhecer uma certa unidade da doutrina da norma fundamental (cf. WALTER, *Entstehung und Entwicklung des Gedankens der Grundnorm*,

fato de, na década de 1960, Kelsen ter afirmado expressamente que estaria abandonando a posição que defendera durante praticamente toda sua vida profissional, para adotar essa nova caracterização da norma fundamental como ficção, no sentido da filosofia do "como se" de Vaihinger. Isso ocorreu primeiramente em 1962, em uma conferência na Áustria, quando Kelsen surpreendentemente declarou que estava abandonando sua doutrina anterior para adotar a doutrina da norma fundamental como ficção, sem contudo fazer referência a Vaihinger:

> Nos meus escritos anteriores, eu falei de normas que não são o sentido de atos de vontade. Eu representei toda minha doutrina da norma fundamental como uma norma que não é o sentido de um ato de vontade, mas que é antes pressuposta no pensamento. Agora eu devo, infelizmente, confessar a vocês, meus senhores, que eu não posso mais sustentar essa doutrina, que eu tive que desistir dessa doutrina. Vocês podem acreditar, não foi nada fácil para mim abandonar uma doutrina que eu defendi por décadas. Eu a abandonei por reconhecer que um dever ser tem que ser o correlato de uma vontade. Minha norma fundamental é uma norma *fictícia*, que pressupõe um ato *fictício* de vontade que cria essa norma. É a ficção de que alguma autoridade quer que isso deve ser. Vocês têm razão em reprovar o fato de eu falar contra uma doutrina defendida por mim. Isso é absolutamente correto: eu tive que modificar minha doutrina da norma fundamental em sua representação. Não pode haver normas meramente pensadas, ou seja, normas que são o sentido de um ato de *pensamento* e não de um ato de *vontade*. O que se tem em mente no caso da norma fundamental é a ficção de um ato de vontade que não corresponde à realidade.[146]

---

p. 58-59; WALTER, Die Grundnorm im System der Reinen Rechtslehre, in: *Rechtsnorm und Rechtswirklichkeit. Festschrift für Werner Krawietz zum 60. Geburtstag*, Aulis Aarnio, Stanley L. Paulson, Ota Weinbergber, Georg Henrik von Wright e Dieter Wyduckel (orgs.). Berlin: Duncker und Humblot, 1993, p. 85-99, p. 94, 97.

146 No original: "Ich habe in meinen früheren Schriften von Normen gesprochen, die nicht der Sinn von Willensakten sind. Meine ganze Lehre von der Grundnorm habe ich dargestellt als eine Norm, die nicht der Sinn eines Willensaktes ist, sondern die im Denken vorausgesetzt wird. Nun muß ich Ihnen

Após isso, em 1964, no artigo *A Função da Constituição* (*Die Funktion der Verfassung*), Kelsen não fala em abandono de sua doutrina anterior, mas afirma que a norma fundamental é uma ficção, fazendo referência direta a Vaihinger:

> Pois a suposição de uma norma fundamental [...] contradiz não só a realidade, pois não existe uma tal norma como sentido de um ato real de vontade, mas é também contraditória em si mesma, pois representa a atribuição de poder a uma autoridade moral ou jurídica suprema, emanando assim de uma autoridade – ainda que apenas fingida – que está ainda acima dessa autoridade. [...] Assim deve-se observar que a norma fundamental no sentido da filosofia do como se de Vaihinger não é uma hipótese – como eu ocasionalmente a caracterizei – mas uma ficção, que se distingue de uma hipótese por vir acompanhada ou dever vir acompanhada da consciência de que ela não corresponde à realidade.[147]

---

leider gestehen, meine Herren, daß ich diese Lehre nicht mehr aufrechterhalten kann, daß ich diese Lehre aufgeben mußte. Sie können mir glauben, daß es mir durchaus nicht leicht war, eine Lehre aufzugeben, die ich durch Jahrzehnte vertreten habe. Ich habe sie aufgegeben in der Erkenntnis, daß ein Sollen das Korrelat eines Wollens sein muß. Meine Grundnorm ist eine fiktive Norm, die einen fiktiven Willensakt voraussetzt, der dies Norm setzt. Es ist die Fiktion, daß irgendeine Autorität will, daß dies sein soll. Sie werfen mit Recht vor, daß ich gegen eine eigene, von mir selbst vertretene Lehre spreche. Das ist wollkommen richtig: ich mußte meine Lehre von der Grundnorm in ihrer Darstellung modifizieren. Es kann nicht bloß gedachte Normen geben, d. h. Normen, die der Sinn eines Denkaktes, nicht der Sinn eines Willensaktes sind. Was man sich bei der Grundnorm denkt, ist die Fiktion eines Willensaktes, der realiter nicht besteht" (KELSEN, Hans und andere. Diskussionen nach Kelsen Salzburger Vortrag "Die Grundlage der Naturrechtslehre", in: *Österreichische Zeitschrift für öffentliches Recht*, 13, 1964, p. 117-162, p. 119-120).

147 No original: "Denn die Annahme einer Grundnorm [...] widerspricht nicht nur die Wirklichkeit, da keine solche Norm als Sinn eines wirklichen Willensaktes vorhanden ist, sondern sie ist auch in sich selbst widerspruchsvoll, da sie die Ermächtigung einer höchsten Moral- oder Rechtsautorität darstellt und damit von einer noch über dieser Autorität stehenden – allerdings nur fingierten – Autorität ausgeht. [...] Daher ist zu beachten, daß die Grundnorm im Sinne der Vaihingerschen Als-Ob-Philosophie keine Hypothese ist – als was ich selbst sie gelegentlich gekennzeichnet habe – sondern eine Fiktion, die sich von einer Hypothese dadurch unterscheidet, daß sie von dem Bewußtsein begleitet

Em 1966, sem fazer referência ao abandono de sua doutrina anterior, Kelsen mais uma vez afirma que a norma fundamental é uma ficção no sentido da filosofia de Vaihinger:

> [...] não é a *ciência* do direito que pressupõe a norma fundamental. A ciência do direito, que constitui uma função de cognição, não de vontade, apenas afirma o fato: se os homens considerarem uma ordem coativa estabelecida por atos de vontade humanos e que é efetiva em medida considerável como uma ordem objetivamente válida, *eles*, em seu pensamento jurídico, *pressupõem* a norma fundamental como o sentido de um ato de vontade. Já que, contudo, um ato de vontade não existe na realidade, mas apenas no pensamento jurídico dos homens que interpretam a ordem coativa como uma ordem jurídica objetiva válida, a pressuposição da norma fundamental constitui o caso típico de uma ficção no sentido da *filosofia do como se* de Vaihinger.[148]

E na *Teoria Geral das Normas* que, como já vimos, constitui uma obra póstuma, publicada em 1979, Kelsen repete praticamente o mesmo texto que tinha apresentado em *A Função da Constituição*:

> Pois a suposição de uma norma fundamental [...] contradiz não só a realidade, pois não existe uma tal norma como sentido de um ato real de vontade, ela é também contraditória em si mesma, pois representa

---

wird oder begleitet werden soll, daß ihr die Wirklichkeit nicht entspricht" (KELSEN, Hans. Die Funktion der Verfassung, in: *Verhandlungen des zweiten österreichischen Juristentagung*, Wien, 1964, p. 65-76, p. 70-71).

[148] No original: "it is not the *science* of law which presupposes the basic norm. The science of law, which is a function of cognition, not of will, only ascertains the fact: that if men consider a coercive order established by acts of will of human beings and by and large effective as an objectively valid order, *they*, in their juristic thinking, *pressuppose* the basic norm as the meaning of an act of will. Since, however, an act of will does not exist in reality, but only in the juristic thinking of men who interpret the coercive order as an objective valid legal order, the presupposition of the basic norm is the typical case of a fiction in the sense of Vaihinger's *Philosophie des Als-Ob*. 8 Its presupposition is the condition" (KELSEN, Hans. On the Pure Theory of Law, in: *Israeli Law review*, 1, 1966, p. 1-7, p. 6).

> a atribuição de poder a uma autoridade moral ou jurídica suprema, emanando assim de uma autoridade – ainda que apenas fingida – que está ainda acima dessa autoridade. [...] Assim deve-se observar que a norma fundamental no sentido da filosofia do como se de *Vaihinger* não é uma hipótese – como eu ocasionalmente a caracterizei – mas antes uma ficção, que se distingue de uma hipótese por vir acompanhada ou dever vir acompanhada da consciência de que ela não corresponde à realidade.[149]

Embora a tese de que Kelsen mudou sua doutrina sobre a norma fundamental seja praticamente unânime, de resto por se apoiar – como acabamos de ver – nas próprias declarações de Kelsen, as coisas não são, a meu ver, tão simples. Na fase inicial de sua obra, mais precisamente em 1911, Kelsen não só notou que o conceito de ficção de Vaihinger é uma ferramenta importante para a ciência do direito como dedicou um artigo inteiro ao conceito de ficções em

---

[149] No original: "Denn die Annahme einer Grundnorm [...] widerspricht nicht nur die Wirklichkeit, da keine solche Norm als Sinn eines wirklichen Willensaktes vorhanden ist, sie ist auch in sich selbst widerspruchsvoll, da sie die Ermächtigung einer höchsten Moral- oder Rechtsautorität darstellt, und damit von einer noch über dieser Autorität stehenden – allerdings nur fingierten – Autorität ausgeht. [...] Daher ist zu beachten, daß die Grundnorm im Sinne der *Vaihingerschen* Als-Ob-Philosophie keine Hypothese ist – als was ich selbst sie gelegentlich gekennzeichnet habe – sondern eine Fiktion, die sich von einer Hypothese dadurch unterscheidet, daß sie von dem Bewußtsein begleitet wird oder begleitet werden soll, daß ihr die Wirklichkeit nicht entspricht" (KELSEN, *Allgemeine Theorie der Normen*, p. 206-207; KELSEN, *Teoria Geral das Normas*, p. 328-329 [tradução alterada]). Essa passagem da *Teoria Geral das Normas* é, como se percebe, praticamente idêntica à passagem de *A Função da Constituição* citada acima. As diferenças são alguns grifos, presentes na *Teoria Geral das Normas* e ausentes em *A Função da Constituição*, bem como uma formulação minimamente diferente de uma passagem: enquanto em *A Função da Constituição* consta a passagem "*sondern* sie ist auch in sich selbst widerspruchsvoll" ("*mas* é também contraditória em si mesma"), na *Teoria Geral das Normas* consta "sie ist auch in sich selbst widerspruchsvoll" ("ela é também contraditória em si mesma"), ou seja, foi suprimida a conjunção adversativa "mas" ("*sondern*").

geral e ficções jurídicas em Vaihinger.[150] É interessante notar que, ao investigar a suposta mudança da doutrina da norma fundamental na fase tardia da obra de Kelsen, os intérpretes não tenham prestado atenção no fato de Vaihinger ter exercido influência em Kelsen já na década de 1910, apesar de Kelsen não ter publicado, na fase inicial, nenhum escrito afirmando que a norma fundamental era uma ficção. Mais interessante ainda é o fato de os intérpretes de Kelsen terem continuado prestando pouco atenção nessa influência mesmo após a publicação, em 1987, no periódico *Droit et Société*, de uma carta de Kelsen a Renato Treves, datada de 1933. Nessa carta, além de afirmar que "a norma fundamental surge completamente do método da hipótese desenvolvido por Cohen", Kelsen ressalta que ela "encontra certo apoio no princípio da economia de pensamento de Mach e na teoria das ficções de Vaihinger", para então adicionar que "devido a vários mal-entendidos que surgiram dessas referências" ele não mais desejava "apelar a Mach e Vaihinger".[151]

A meu ver, o fato de Vaihinger ter exercido forte influência em Kelsen já na década de 1910 aliado ao fato de hipótese no sentido de Cohen e ficção no sentido de Vaihinger não serem incompatíveis militam a favor de uma tese da continuidade da norma fundamental. Isso não significa, porém, que Kelsen não tenha realizado mudanças em sua doutrina da norma fundamental. Como ressalta Lamego, o abandono progressivo da norma fundamental como condição lógico-transcendental de representação do direito como realidade normativa e a sua caracterização, no período tardio (que Lamego denomina, como vimos, fase de reorientação), como ficção, podem estar relacionados a uma reorientação progressiva da teoria de Kelsen no sentido de uma representação dinâmica do direito, na qual a doutrina

---

150 KELSEN, Hans. Zur Theorie der juristischen Fiktionen. Mit besonderer Berücksichtigung von Vaihingers Philosophie des Als Ob, in: *Annalen der Philosophie*, 1, 1919, p. 630-658.

151 KELSEN, Hans. Reine Rechtslehre, "Labandismus" und Neukantianismus - ein Brief an Renato Treves, in: *Formalismo Giuridico e Realtà Sociale*, Stanley L. Paulson (org.). Napoli: Edizioni Scientifiche Italiane, 1992, p. 55-58.

da estrutura escalonada da ordem jurídica desempenharia um papel essencial. Assim, Kelsen parece de fato ter explorado, em fases diferentes, diferentes aspectos da norma fundamental. Mas mesmo isso não significa ruptura, o que também milita a favor da tese da continuidade da norma fundamental, que não pode, contudo, ser devidamente fundamentada aqui.[152]

3. Mutabilidade *versus* Permanência na Teoria Pura do Direito

As diversas fases da teoria pura do direito apresentam, por um lado, muitas semelhanças entre si, não só em relação aos temas abordados, mas também em relação ao modo como eles foram abordados. Assim, sejam mencionadas algumas matérias que permaneceram praticamente inalteradas – algumas delas, inclusive, analisadas acima. A primeira delas é a crítica aos dualismos da "jurisprudência tradicional", ou seja, os dualismos entre direito positivo e direito natural, direito público e direito privado, direito objetivo e direito subjetivo, direito e estado, bem como direito interno (ou estatal) e direito internacional. Além disso podem ser mencionados como temas praticamente inalterados a identificação do direito como ordem de coação e, consequentemente, a teoria da estrutura hipotética das normas jurídicas, bem como a doutrina da estrutura escalonada do direito.

Mas, naturalmente há mudanças na teoria pura do direito ao longo do tempo. Isso significa que, apesar de a relativa imutabilidade dos temas citados acima militar a favor de uma certa permanência na teoria pura do direito, há também argumentos a favor da

---

[152] Defendi essa tese inicialmente em 1999 (cf. TRAVESSONI GOMES [TRIVISONNO], *O Fundamento de Validade do Direito em Kant – Kant e Kelsen*; 2ª edição, 2004). Para uma defesa mais elaborada dela cf. TRAVESSONI GOMES TRIVISONNO, Alexandre. *The Basic Norm as a Fictitious Hypothesis: On the Continuity of the Doctrine of the Basic Norm in Kelsen's Pure Theory of Law*. No prelo.

mutabilidade. Esses argumentos se baseiam, sobretudo, no fato de Kelsen *supostamente* ter alterado sua teoria da interpretação, sua doutrina da norma fundamental e o papel da lógica no direito. Essas três mudanças estariam conectadas a um progressivo abandono – por parte de Kelsen – da filosofia (neo)kantiana.[153] Não é possível, no âmbito de um estudo introdutório, abordar essas questões com a profundidade necessária, nem tampouco resolvê-las de forma definitiva. Contudo, é possível e preciso fazer algumas observações que podem indicar um caminho a ser seguido, algumas delas que, inclusive, se baseiam na primeira edição da *Teoria Pura do Direito*. Essas observações dizem respeito tanto aos três temas específicos em que teria ocorrido uma mudança radical na teoria de Kelsen (a doutrina da norma fundamental, a teoria da interpretação e o papel da lógica no direito) quanto ao tema geral do abandono da filosofia (neo)kantiana na fase tardia da teoria pura do direito.

Como vimos acima, virtualmente todos os intérpretes alegam que a doutrina da norma fundamental teria supostamente mudado na década de 1960, após a segunda edição da *Teoria Pura do Direito*. Mas, como já ressaltei acima, há indícios de que a influência de Vaihinger em Kelsen data da década de 1910 e, mais ainda, que Kelsen já havia concebido a norma fundamental, na fase inicial de sua teoria, como ficção (embora não tenha publicamente manifestado essa conexão entre a norma fundamental e a filosofia de Vaihinger). No entanto, mesmo deixando de lado essa eventual influência de

---

[153] Assim defende Paulson: "[...] a norma fundamental e o papel da lógica no direito ressaltam as extraordinárias mudanças na teoria do direito de Kelsen registradas em seu último grande trabalho, a *Teoria Geral das Normas*. [...] Em síntese, a teoria pura do direito é enfraquecida pelo abandono da fundamentação neokantiana que a tinha feito, em sua formulação clássica, quase única" (no original: "[...] the basic norm and the role of logic in the law, underscore the extraordinary changes in Kelsen's legal theory that are recorded in his last great work, General Theory of Norms. [...] In a word, the Pure Theory of Law is emaciated by Kelsen's abandonment of the neo-Kantian foundation that had made the theory, in its classical form, well nigh unique [PAULSON, Stanley L. Kelsen's Legal Theory: the Final Round, in: Oxford Journal of Legal Studies, 12, 1992, p. 265-274, p. 273).

Vaihinger em Kelsen nos escritos iniciais, é preciso ressaltar que a concepção da norma fundamental como ficção não necessariamente exclui um argumento kantiano. Isso porque uma hipótese no sentido de Cohen só pode ser, na filosofia de Vaihinger, uma ficção. Assim, embora deva se reconhecer que a norma fundamental de fato sofre uma mudança na década de 1960, o grau dessa mudança parece ser superestimado pelos intérpretes de Kelsen em geral.

Em relação à teoria da interpretação, o abandono da filosofia (neo)kantiana para a adoção de uma teoria voluntarista teria começado mais cedo. Paulson afirma que isso ocorre já na década de 1950, quando Kelsen, no prefácio da obra *O Direito das Nações Unidas* (*The Law of the United Nations*),[154] sugere que o juiz pode decidir fora da moldura. A meu ver, essa ideia aparece ainda mais cedo, na *Teoria Geral do Direito e do Estado*.[155] De todo modo, essa posição reaparece na tradução francesa da primeira edição da *Teoria Pura do Direito* (1953) e na segunda edição alemã da *Teoria Pura do Direito* (1960). Aqui, novamente, há de se reconhecer que há de fato uma mudança, mas novamente é preciso apontar que essa mudança parece ter sido superdimensionada. Desde 1934, quando Kelsen apresenta – tanto no artigo *Sobre a Teoria da Interpretação* quanto no Capítulo VI da primeira edição da *Teoria Pura do Direito* – sua teoria sobre a interpretação e a aplicação do direito, a aplicação é concebida simultaneamente como ato de conhecimento e ato de vontade. Na primeira edição da *Teoria Pura do Direito*, Kelsen não aborda a questão da decisão fora da moldura, mas a afirmação que faz, mais tarde – de que, se o juiz decidir fora da moldura e essa decisão for confirmada pelo órgão recursal último do sistema, ela é válida – não é de todo incompatível com a teoria esboçada já em 1934.

---

[154] KELSEN, Hans. *The Law of the United Nations – A Critical Analysis of its Fundamental Problems*. New York: Frederick A. Praeger, 1951, p. xvi.

[155] KELSEN, *General Theory of Law and State*, p. 150; KELSEN, *Teoria Geral do Direito e do Estado*, p. 152-157.

Em relação ao papel da lógica no direito, de fato parece haver uma mudança mais significativa entre a segunda edição da *Teoria Pura do Direito* (1960) e a *Teoria Geral das Normas* (1979). Em 1960 Kelsen reafirma, como já havia feito antes, que os princípios da lógica não se aplicam diretamente a normas jurídicas, pois normas não podem ser verdadeiras ou falsas, mas antes válidas ou inválidas.[156] Contudo, ele admite a aplicação indireta desses princípios da lógica a normas jurídicas, na medida em que eles se aplicam diretamente a proposições jurídicas que descrevem normas jurídicas.[157] Princípios da lógica podem ser aplicados a proposições jurídicas, pois elas podem ser verdadeiras ou falsas; como proposições jurídicas descrevem normas jurídicas, princípios lógicos aplicam-se indiretamente a normas jurídicas (descritas por proposições jurídicas). Na *Teoria Geral das Normas,* essa posição de fato muda. Kelsen afirma que o princípio de não-contradição não é aplicável ao direito.[158]

Assim, existe de fato uma diferença entre a posição defendida na segunda edição da *Teoria Pura do Direito* e a que aparece na *Teoria Geral das Normas.* Mas é preciso ressaltar que há um ponto inalterado: a inaplicabilidade direta de princípios lógicos a normas, por não poderem ser normas verdadeiras ou falsas. A oscilação diz respeito, portanto, à aplicação indireta. Essa oscilação é evidente quando se considera a segunda edição da *Teoria Pura do Direito* e a *Teoria Geral das Normas*, mas é minimizada quando se compara a *Teoria Geral das Normas* com outras obras de Kelsen anteriores a 1960. Consideremos apenas a primeira edição da *Teoria Pura do Direito*. Nessa obra, Kelsen já parecia vacilar sobre a possibilidade de

---

[156] KELSEN, *Reine Rechtslehre*, 2. Auflage, p. 76; KELSEN, *Teoria Pura do Direito*, 2ª edição, p. 83-84.

[157] KELSEN, *Reine Rechtslehre*, 2. Auflage, p. 77; KELSEN, *Teoria Pura do Direito*, 2ª edição, p. 84.

[158] Kelsen afirma, ainda, que a regra de conclusão silogística também não é aplicável ao direito (KELSEN, *Allgemeine Theorie der Normen*, p. 216; KELSEN, *Teoria Geral das Normas*, p. 342-343).

o conflito entre duas normas indicar aplicação ou não do princípio de não-contradição ao direito. Por um lado, ele afirma:

> Deve-se perguntar, então, como é possível se manter a unidade da ordem jurídica como um sistema de normas logicamente fechado quando entre duas normas de níveis diferentes existe uma contradição lógica, quando são válidas tanto a constituição quanto a lei que a viola, quando são válidas tanto a lei quanto a sentença judicial que a contradiz. Não se pode duvidar que, de acordo com o direito positivo, isso de fato acontece.[159]

Essa passagem indica que entre duas normas que se chocam existe uma contradição lógica. Porém, em uma passagem um pouco mais à frente, Kelsen declara:

> E, de fato, se o fenômeno denominado norma contrária a outra norma – dentre outras, a lei inconstitucional, a sentença judicial ilegal – significasse realmente uma contradição lógica entre uma norma de um nível superior e uma norma de um nível inferior, então estaria arruinada a unidade da ordem jurídica. Mas esse não é, de modo algum, o caso.[160]

Nessa segunda passagem o choque entre duas normas não envolve uma contradição lógica. Isso parece indicar que, já na década de 1930, Kelsen não considerava ser o princípio de não-contradição aplicável ao direito, ou pelo menos que ele oscilava entre reconhecer ou não a aplicabilidade da lógica ao direito. Se, por um lado, é bem verdade que apenas na *Teoria Geral das Normas* ele afirma expressamente que a lógica não se aplica ao direito, por outro lado, a segunda passagem reproduzida acima mostra que um embrião dessa posição já habitava o pensamento de Kelsen na década de 1930. Se essa constatação estiver correta, a mudança em relação ao papel da lógica, que ocorre na *Teoria Geral das Normas*, não decorre de um suposto

---

[159] KELSEN, *Reine Rechtslehre*, 1. Auflage, p. 84; KELSEN, *Teoria Pura do Direito*, 1ª edição (este volume), p. 78.

[160] KELSEN, *Reine Rechtslehre*, 1. Auflage, p. 85; KELSEN, *Teoria Pura do Direito*, 1ª edição (este volume), p. 78.

distanciamento entre a teoria pura do direito e o neokantismo, que teria ocorrido na década de 1960, e nem representaria uma postura irracionalista de Kelsen,[161] sendo antes uma dúvida que já o acompanhava desde pelo menos a década de 1930.

Se a análise de alguns temas essências da teoria pura do direito – como o caráter coativo do direito (e, consequentemente, a teoria da estrutura hipotética da norma jurídica) e a doutrina da estrutura escalonada da ordem jurídica – já indicava uma permanência na teoria pura do direito, a análise desses três temas específicos em que teria supostamente havido uma *ruptura* na teoria de Kelsen (a doutrina da norma fundamental, a teoria da interpretação e o papel da lógica no direito) reforça essa conclusão. Isso porque essa análise demonstra ter havido mudanças, mas não evidencia um rompimento com as ideias centrais da teoria pura do direito. Essas mudanças podem até se relacionar a um abrandamento do caráter (neo)kantiano das fases anteriores, mas não parecem implicar um aniquilamento do (neo)kantismo dentro da teoria pura do direito. A análise dos temas de forma *ampliada*, ou seja, uma comparação não só entre a segunda edição da *Teoria Pura do Direito* e a *Teoria Geral das Normas*, mas antes entre esta e os escritos iniciais de Kelsen pode revelar resultados interessantes, como sugere a análise do papel da lógica no direito.

Permanência não significa imutabilidade absoluta, mas antes inexistência de ruptura. Parece claro que a teoria pura do direito mudou ao longo do tempo (mutabilidade). Mas também parece claro que não só muitos temas particulares como também, e sobretudo, sua orientação geral não mudaram a ponto de se descaracterizarem (permanência com mudanças, mas não ruptura). Em síntese, a meu

---

161 Essa conexão entre as mudanças do papel da lógica no direito, ocorrida na *Teoria Geral das Normas*, e um suposto irracionalismo é defendida por Weinberger (cf. WEINBERGER, Ota. Logik, Wirklichkeit und Positivität in der Reinen Rechtslehre, in: *Rechtssystem und Gesellschaftliche Basis bei Hans Kelsen*, *Rechtstheorie*, 5, Werner Krawietz und Helmut Schlsky [orgs.]. Berlin: Duncker & Humblot, 1985, p. 425-441, p. 430-433.

ver, não houve ruptura. E, na fundamentação dessa tese, a primeira edição da *Teoria Pura do Direito* desempenha um papel essencial.

Se essa sugestão de continuidade da teoria pura do direito é ou não a melhor interpretação sobre a evolução da obra de Kelsen é preciso ainda ser debatido. A publicação da primeira edição da *Teoria Pura do Direito* em língua portuguesa, que ora se realiza, aliada à disponibilidade no mercado de vários tratados importantes que Kelsen escreveu mais tarde, como a *Teoria Geral do Direito e do Estado*, a segunda edição da *Teoria Pura do Direito* e a *Teoria Geral das Normas*, possibilitará que a comunidade jusfilosófica de língua portuguesa se debruce sobre essa questão, renovando, assim, a discussão sobre a grande obra de Kelsen.

REINE RECHTSLEHRE

EINLEITUNG
IN DIE RECHTSWISSENSCHAFTLICHE
PROBLEMATIK

VON

HANS KELSEN

FRANZ DEUTICKE · LEIPZIG UND WIEN · 1934

Teoria Pura do Direito

Introdução à Problemática Jurídico-Científica

....

HANS KELSEN

1ª edição alemã, 1934

Prefácio

Passaram-se mais de duas décadas desde que resolvi desenvolver uma teoria do direito pura, ou seja, purificada de toda ideologia política e todo elemento das ciências da natureza, uma teoria consciente das peculiaridades da legalidade específica de seu objeto. Desde o início meu objetivo foi, sobretudo, elevar a ciência do direito – que abertamente ou de forma encoberta se constituía quase completamente como raciocínio jurídico-político – ao nível de uma verdadeira ciência, uma ciência do espírito. Cabia desenvolver suas tendências não com base na formação do direito, mas somente com base em seu conhecimento, e aproximar seus resultados, tanto quanto possível, do ideal de toda ciência: a objetividade e a exatidão.

Hoje posso perceber com satisfação que não permaneci sozinho nesse caminho. Em todos os países que possuem tradição cultural desenvolvida, em todos os círculos da tão variada profissão jurídica, tanto entre teóricos quanto entre práticos do direito e ainda entre representantes das ciências próximas à ciência do direito encontrei uma concordância encorajadora. Formou-se um círculo de pessoas com a mesma aspiração, que foi denominado como minha "escola", e que o é somente no sentido de que aqui todos tentam aprender uns com os outros sem, contudo, deixar de percorrer seu próprio caminho. Não menos significativo é o número daqueles que, sem se declararem adeptos da teoria pura do direito, às vezes sem mencioná-la e até mesmo rejeitando-a de forma direta e pouco amistosa, tomam seus resultados essenciais. A eles agradeço especialmente, pois eles testemunham muito melhor que os mais fiéis seguidores, ainda que contra suas vontades, a utilidade da minha teoria.

Além de reconhecimento e imitação, a teoria pura do direito mereceu também resistência; resistência com uma paixão quase sem comparação na história da ciência do direito, o que não pode ser explicado a partir da oposição substancial que ela gerou, pois essa oposição se apoia em parte em mal-entendidos que muitas vezes não parecem ser involuntários e dificilmente podem, quando realmente existem, justificar a profunda amargura dos opositores. Pois a teoria combatida não é completamente nova nem é contrária a tudo o que está aí. Ela pode ser compreendida como desenvolvimento de abordagens que têm origem na ciência do direito positivista do século XIX, da qual também descendem meus opositores. Não espero da ciência do direito atual uma completa mudança de direção, mas antes que ela siga uma das direções entre as quais ela vem inseguramente vacilando. Não tanto a novidade, mas antes as consequências da minha teoria geram comoção na literatura. E isso é suficiente para se supor que, na luta contra a teoria pura do direito, atuem não apenas motivos científicos, mas, sobretudo, motivos políticos, ou seja, motivos altamente emocionais. A questão ciência da natureza *versus* ciência do espírito não é capaz de deixar o debate tão acalorado, pois a separação entre uma e outra ocorreu praticamente sem contestação. Trata-se de, através de um contato imediato com a teoria geral do conhecimento, dar um rápido impulso à ciência do direito – essa província que tem estado distante do centro da especulação intelectual e que somente vagarosamente caminha rumo ao progresso. A disputa não diz respeito, como supostamente parece, ao lugar da ciência do direito dentro das ciências e às consequências que resultam disso. Trata-se antes da relação entre ciência do direito e política, da separação acurada entre uma e outra, a fim de que se renuncie ao costume enraizado de, em nome de uma ciência do direito, ou seja, com base em uma instância objetiva, defenderem-se demandas políticas que só podem possuir um caráter altamente subjetivo, mesmo quando se transformam, com a melhor das intenções, em ideal de uma religião, nação ou classe.

Esse é o motivo da oposição – que beira o ódio – à teoria pura do direito, o pano de fundo de toda a luta realizada contra ela, com todos os meios. Pois isso diz respeito aos interesses mais vitais da sociedade e, assim, também, aos interesses profissionais dos juristas. Compreensivelmente, é somente com relutância que o jurista renuncia a acreditar e a fazer os outros acreditarem que ele, com sua ciência do direito, possui a resposta sobre como os conflitos de interesse dentro da sociedade devem ser resolvidos "de forma correta"; que ele, por conhecer o direito, também pode ser chamado a lhe atribuir um conteúdo; que ele, em sua aspiração, deve ter influência na criação do direito e está, ao contrário de outros políticos, em melhor posição que um mero técnico da sociedade.

Em vista dos impactos políticos – mesmo que apenas negativos – que a exigida separação entre a ciência do direito e a política implica, em vista dessa autolimitação da ciência do direito que muitos consideram uma renúncia a seu *status*, é compreensível que os opositores estejam pouco inclinados a concordar com uma teoria que estabeleça tais exigências. Para poder combater a teoria pura do direito, seus opositores não podem reconhecer sua verdadeira essência. Assim, os argumentos direcionados, na verdade, não à teoria pura do direito, mas antes à ilusão fabricada a partir dela de acordo com as necessidades dos respectivos opositores se anulam mutuamente, tornando uma refutação quase desnecessária. Ela seria completamente sem conteúdo, um jogo vazio de conceitos ocos, desdenham alguns; sua força significaria, em virtude de sua tendência subversiva, um perigo real para o estado constituído e seu direito, advertem outros. Como a teoria pura do direito se mantém inteiramente livre de toda política, ela teria se afastado da vida pulsante, não possuindo, por isso, qualquer valor científico. Essa é uma das objeções mais frequentes que se levantam contra ela. Mas não menos frequentemente se pode ouvir que a teoria pura do direito não seria de modo algum capaz de cumprir sua exigência metodológica fundamental, sendo ela própria antes apenas a expressão de uma determinada concepção de valores. Mas de qual? Os fascistas a explicam como liberalismo democrático; liberais ou social-democratas consideram que ela caminha lado a lado com o fascismo. Do lado comunista, ela é desqualificada como ideologia de um estatismo capitalista; do lado capitalista-nacionalista, ora ela é desqualificada como bolchevismo crasso, ora como anarquismo disfarçado. Seu espírito seria, asseguram muitos, aparentado à escolástica católica, enquanto outros, ao contrário, acreditam reconhecer nela as propriedades características de uma teoria protestante do estado e do direito. E não falta quem queira estigmatizá-la como ateísmo. Em síntese, não há absolutamente qualquer orientação política que não tenha sido atribuída à teoria pura do direito. Mas exatamente isso prova sua pureza, melhor do que ela própria poderia fazê-lo.

O postulado metodológico que a teoria pura do direito busca não pode seriamente ser posto em dúvida, se algo como uma ciência do direito deve existir. Duvidoso poderia ser apenas até que ponto ele pode ser cumprido. Assim, certamente não se pode ignorar a considerável diferença que existe exatamente nesse ponto entre as ciências da natureza e as ciências sociais. Não é que no caso das primeiras não haja perigo de que interesses políticos as influenciem. A história prova o contrário e mostra com clareza suficiente que um poder mundial se sentiu ameaçado até mesmo pela verdade sobre o curso das estrelas. A ciência da natureza foi capaz de estabelecer sua independência em relação à política em grau tão alto porque um interesse social ainda mais elevado existia: o interesse no progresso da técnica, que somente pode ser garantido através da pesquisa livre. Contudo, da teoria social não surge um caminho tão direto e imediatamente razoável em direção a um progresso incontestável da técnica social, que traga benefícios como no caso da física e da química, das quais surge o desenvolvimento tecnológico da engenharia mecânica e da terapia médica. Ao contrário, às ciências sociais falta, principalmente em virtude de seu estado pouco desenvolvido, uma força social que possa se contrapor ao poderoso interesse social tanto daqueles que estão no poder quanto daqueles que buscam o poder em ter uma teoria compatível com seus desejos, ou seja, uma ideologia social. É assim particularmente neste nosso tempo, caracterizado pela guerra mundial e suas consequências, no qual os fundamentos da vida social são chacoalhados de forma profunda e, com isso, as contradições tanto entre os estados quanto dentro do estado se intensificam extremamente. O ideal de uma ciência objetiva do direito e do estado tem perspectiva de reconhecimento social somente em um período de equilíbrio. Em um tempo como o de hoje, em que há aqueles que estão prontos a se oferecer a todo tipo de poder, em que não mais se teme clamar em alto e bom som por uma ciência do direito política, parece ser fora de moda defender uma teoria do direito que queira manter sua pureza, e pretender denominá-la "pura", louvando assim como virtude aquilo que a mais amarga necessidade pessoal mal pode justificar.

Se, contudo, ainda me arrisco, neste momento, a resumir os resultados do trabalho que realizei até aqui sobre o problema do direito, faço-o com a esperança de que o número daqueles que apreciam mais o espírito que o poder seja maior do que possa parecer hoje; faço-o, sobretudo, com o desejo de que uma jovem geração, no meio do ruído selvagem de nosso tempo, não deixe de acreditar em uma ciência do direito livre; faço-o com a sólida convicção de que seus frutos não serão perdidos em um futuro mais distante.

Genebra, maio de 1934
Hans Kelsen

Índice

I. Direito e Natureza

1. A "Pureza"

A teoria pura do direito é uma teoria do direito positivo. Do direito positivo enquanto tal, não de uma ordem jurídica específica. Ela é uma teoria geral do direito, não interpretação de determinadas normas jurídicas nacionais ou internacionais.

Como teoria, ela pretende tão somente conhecer seu objeto. Ela procura responder à pergunta sobre o que é e como é o direito, mas não à pergunta sobre como ele deve ser ou como ele deve ser feito. Ela é ciência do direito, não política jurídica.

Quando ela se denomina uma teoria "pura" do direito, ela o faz tanto por querer assegurar um conhecimento dirigido apenas ao direito quanto por querer excluir desse conhecimento aqueles determinados objetos que não pertencem precisamente ao direito. Isso significa que ela pretende libertar a ciência do direito de todos elementos a ela estranhos. Esse é seu princípio metodológico fundamental. Isso parece algo óbvio, mas uma análise da ciência do direito tradicional, do modo como ela se desenvolveu no curso dos séculos XIX e XX, mostra com clareza como ela está distante de corresponder à exigência da pureza. De modo completamente acrítico, a jurisprudência se misturou com a psicologia e a biologia, com a ética e a teologia. Hoje em dia, não há mais quase qualquer ciência específica em cujo recinto o cientista do direito não se ache competente para penetrar. De fato, ele acredita poder elevar sua visão científica através de empréstimos de outras disciplinas. É claro que, com isso, perde-se a verdadeira ciência do direito.

2. Pressuposto Fático Natural (Ato) e Significado

A teoria pura do direito procura demarcar o objeto de seu conhecimento em duas direções, nas quais sua independência é colocada em risco através de um sincretismo metodológico dominante. O direito é um fenômeno social, mas a sociedade é um objeto completamente diferente da natureza, uma cadeia completamente diferente de elementos. Se a ciência do direito não deve ser completamente absorvida pela ciência da natureza, deve o direito ser apartado de forma clara da natureza. Isso é muito difícil porque o direito – ou aquilo que em princípio se costuma abordar como direito – está ligado, pelo menos em parte de sua essência, ao âmbito da natureza, parecendo ter uma existência absolutamente natural. Quando se analisa qualquer conjunto de fatos abordados como direito, por exemplo uma decisão parlamentar, um ato administrativo, uma sentença judicial, um negócio jurídico ou um delito, pode-se distinguir dois elementos: o primeiro é o ato perceptível sensorialmente que ocorre no tempo e no espaço, um evento exterior, na maioria das vezes um comportamento humano; o outro é um sentido inerente ou implícito nesse ato ou evento, um sentido específico. Em um salão se encontram seres humanos que discursam, alguns deles se levantam de seus lugares, outros permanecem sentados; esse é o evento exterior. Seu sentido é: foi aprovada uma lei. Um homem em um lugar elevado, vestindo uma toga, profere palavras sobre um ser humano que está diante dele. Esse evento exterior tem o significado de uma sentença judicial. Um comerciante escreve a outro uma carta com determinado conteúdo, o outro responde com uma carta-resposta; isso significa: eles celebraram um contrato. Alguém causa a morte de outrem por meio de uma ação qualquer; isso significa, juridicamente, um homicídio.

3. A Autoexplicação do Material Social (Os Sentidos Subjetivo e Objetivo)

Esse "significado" do ato, como um pressuposto fático exterior, dificilmente pode ser visto ou ouvido, diferentemente do que ocorre com a percepção das propriedades naturais e funções de um objeto, tais como cor, dureza e peso. Na verdade, pode o próprio ato – na medida em que ele se expressa através de palavras faladas ou escritas – expressar algo sobre seu significado, indicar seu próprio sentido. Nisso reside até mesmo uma propriedade específica do material dado ao conhecimento social e especialmente ao conhecimento jurídico. Uma planta não pode compartilhar nada sobre si mesma com o pesquisador científico que a caracteriza. Ela não tenta se autoexplicar cientificamente. Contudo, um ato social pode muito bem introduzir uma autoexplicação, ou seja, uma afirmação sobre o que ele significa, pois o próprio ser humano que pratica o ato conecta a ele um sentido determinado, que se expressa de alguma maneira e que será compreendido pelo outro, a quem o ato se dirige. Os seres humanos reunidos em um parlamento podem explicar expressamente a aprovação de uma lei, e dois particulares podem expressar a intenção de querer contrair um negócio jurídico. O conhecimento que apreende o direito encontra em grande medida já uma autoexplicação do material, que antecipa o sentido encontrado pela ciência do direito.

Disso resulta a necessidade de distinguir o sentido subjetivo do sentido objetivo de um ato. O sentido subjetivo pode, mas não necessariamente deve coincidir com o sentido objetivo que é atribuído a esse ato no sistema de todos os atos jurídicos, ou seja, no sistema jurídico. Aquilo que o famoso capitão de Köpenich praticou foi um ato que, de acordo com seu sentido subjetivo, queria ser uma ordem administrativa. Porém, objetivamente, ele não era isso, mas antes um delito. Quando uma organização secreta, com intenção de libertar sua terra natal de parasitas, condena à morte um deles como traidor, aquilo que eles subjetivamente consideram e denominam uma sentença de morte, a ser executada por um de seus representantes, constitui objetivamente, ou seja, no sistema do direito objetivo, não a execução de uma sentença de morte, mas antes um linchamento, embora esses fatos exteriores não se diferenciem em nada da execução de uma sentença de morte.

4. A Norma como Esquema de Interpretação

Por ser um acontecimento sensorialmente apreensível que ocorre no tempo e no espaço, esse fato externo é, então, em todos os casos, uma parte da natureza e, enquanto tal, é determinado pela lei de causalidade. Esse evento sozinho, enquanto tal, não constitui objeto do conhecimento jurídico específico e, nessa medida, não é jurídico. O que o transforma em um ato jurídico, ou em um ato jurídico ilícito, não é sua facticidade, seu ser natural, ou seja, seu ser causalmente determinado contido no sistema da natureza, mas antes o sentido objetivo conectado a esse ato, o significado que ele possui. O fato em questão recebe seu sentido jurídico específico, seu significado jurídico característico, através de uma norma que a ele se relaciona, conferindo-lhe seu significado jurídico, de maneira que o ato possa ser interpretado de acordo com essa norma. A norma funciona como um esquema de interpretação. Ela própria é criada por um ato jurídico que, por sua vez, novamente recebe seu significado de outra norma. A qualidade não sensorialmente perceptível de determinado pressuposto fático em ser a execução de uma sentença de morte e não um homicídio resulta primeiramente de um processo de pensamento: da confrontação com o código penal e com o código de processo penal. Que a troca de correspondências mencionada acima signifique a celebração de um contrato resulta exclusivamente e somente de esse fato se encaixar em certas determinações do código civil. Que uma reunião de seres humanos seja um parlamento e que o resultado de sua atividade seja uma lei, em outras palavras, que esses eventos tenham esse "significado", significa somente que todos esses pressupostos fáticos correspondem a prescrições da constituição. Isso significa que o conteúdo de um acontecimento fático corresponde ao conteúdo de uma norma, que é de algum modo pressuposta.

5. A Norma como Ato e Conteúdo de Sentido

O conhecimento jurídico se dirige então a essas normas que conferem a determinados fatos o caráter de atos jurídicos (ou atos ilícitos), e que são, elas próprias, criadas através desses atos jurídicos. Além disso, deve-se prestar atenção no fato de que a norma, como conteúdo de sentido específico, é algo diverso do ato psíquico através do qual ela é querida ou representada. Deve-se separar com clareza o querer ou o representar uma norma daquilo que é querido ou representado. Quando se fala em "criação" de uma norma, isso se refere sempre a eventos no âmbito do ser, eventos que portam a norma como conteúdo de sentido. Quando a teoria pura do direito procura conhecer normas, quando ela procura apreender algo juridicamente, ela não se dirige a quaisquer desses processos mentais ou eventos corpóreos. Apreender algo juridicamente não pode significar outra coisa a não ser apreender algo como direito. A tese de que somente normas jurídicas podem constituir o objeto do conhecimento jurídico afirma apenas uma tautologia, pois o direito, o único objeto do conhecimento jurídico, é norma. A norma é, porém, uma categoria que não se encontra no âmbito da natureza. Quando atos naturais são caracterizados como eventos jurídicos, isso nada mais significa que a afirmação da validade de normas cujos conteúdos estão em determinada correspondência com o conteúdo de eventos fáticos. Quando um juiz determina um pressuposto fático concreto – por exemplo um delito – como dado, seu conhecimento volta-se inicialmente apenas a um ser natural. Contudo, seu conhecimento se torna jurídico somente quando ele relaciona o pressuposto fático por ele identificado à lei por ele a ser aplicada, quando ele interpreta esse pressuposto fático como "furto" ou "estelionato". E ele só pode interpretá-lo assim quando o conteúdo desse pressuposto fático é reconhecido de uma forma bem específica como conteúdo de uma norma (embora se deva observar que a atividade do juiz de modo algum se restringe a um ato de conhecimento, que constitui apenas a preparação de um ato de vontade pelo qual a norma individual da sentença judicial é posta).

6. Validade e Âmbito de Validade da Norma

Quando, como acima, fala-se da "validade" de uma norma, deve-se com isso inicialmente se expressar nada mais que a existência específica de uma norma, o modo específico através do qual ela é dada, diferentemente do ser da realidade natural, que se dá no espaço e no tempo. A norma enquanto tal, que não deve ser confundida com o ato que a estabelece, não existe no espaço e no tempo, pois ela não é um fato natural. Porém, uma vez que o possível conteúdo da norma é igual ao possível conteúdo do evento fático, uma vez que a norma – com seu conteúdo – relaciona-se a esse evento fático, sobretudo ao comportamento humano, o conteúdo da norma deve necessariamente determinar o espaço e o tempo em que o comportamento humano determinado pela norma ocorre, ou, nos termos da norma, deve ocorrer. A validade das normas que regulam o comportamento humano em geral, e assim, especialmente, a validade das normas jurídicas, é uma validade espaço-temporal, na medida em que essas normas possuem como conteúdo eventos espaço-temporais. Que uma norma vale significa sempre que ela vale em determinado espaço e por determinado tempo, ou seja, que ela se relaciona a eventos que apenas em algum lugar e em algum momento ocorrem.

A relação entre norma, espaço e tempo constitui o âmbito espacial e temporal de validade da norma. Esse âmbito de validade pode ser determinado, mas pode também ser indeterminado. A norma pode valer somente em determinado espaço e por determinado tempo, ou seja, em um espaço e por um tempo por ela ou por outra norma determinados, regulando, por exemplo, apenas eventos dentro de determinado espaço e dentro de determinado período de tempo. Porém, ela pode também – de acordo com seu sentido – valer sempre e em todos os lugares, ou seja, relacionar-se a eventos que podem ocorrer sempre e em qualquer lugar. Esse é seu sentido quando ela não possui qualquer determinação espaço-temporal; isso não significa que ela valha independentemente do tempo e do espaço, mas antes que ela vale em um espaço e por um período de tempo que não são determinados. Seus âmbitos espacial e temporal de validade são indeterminados.

Ao lado dos âmbitos espacial e temporal pode-se distinguir também um âmbito substancial (ou material), na medida em que se consideram objetos específicos – as diversas direções do comportamento humano – que são normatizados, por exemplo o comportamento religioso, econômico, político etc. E quando se pergunta sobre os seres humanos cujo comportamento é regulado, pode-se distinguir as normas também de acordo com seu âmbito pessoal de validade. Também o âmbito substancial de validade pode ser determinado ou indeterminado, no sentido de que uma determinada norma e seu conteúdo, ou seja, uma norma a ser criada de determinada forma e que pertencerá a determinada ordem, pode se relacionar com qualquer objeto ou apenas a objetos bem determinados, como, por exemplo, quando – de acordo com a constituição de um estado federativo – o âmbito substancial de validade é dividido entre as normas do estado federal e as normas constitutivas da ordem do estado membro. E o mesmo vale para o âmbito pessoal de validade. Assim, as normas de uma moral universal aplicam-se absolutamente a todos os seres humanos, ou seja, elas possuem um âmbito pessoal de validade fundamentalmente indeterminado, enquanto determinadas normas jurídicas obrigam ou autorizam apenas certas categorias de seres humanos, ou seja, possuem apenas um âmbito pessoal de validade determinado.

7. Conhecimento da Norma Jurídica e Sociologia Jurídica

Quando se caracteriza o direito como norma e se restringe a ciência do direito (que possui uma função diversa da função dos órgãos que estabelecem e aplicam o direito) ao conhecimento de normas, delimita-se o direito em oposição à natureza, e a ciência do direito em oposição a todas as demais ciências que buscam a explicação de eventos naturais de acordo com a lei de causalidade. Delimita-se especialmente a ciência do direito em oposição também a uma ciência que põe para si a tarefa de investigar a origem e os efeitos daqueles eventos naturais que, interpretados a partir de normas jurídicas, apresentam-se como atos jurídicos. Caso se queira designar tal pesquisa como sociologia ou mais especificamente como sociologia jurídica, não há nada a se opor. Sobre suas chances bem como sobre seu valor nada mais deve ser dito aqui. Deve apenas ser observado que esse conhecimento jurídico-sociológico não tem a ver com normas jurídicas como conteúdo de sentido, mas antes com certos eventos, sem considerar sua relação com quaisquer normas reconhecidas como válidas ou pressupostas. Essa sociologia jurídica não relaciona os pressupostos fáticos a serem por ela apreendidos a normas jurídicas, mas antes a outros pressupostos fáticos como causas e efeitos. Ela pergunta, por exemplo, por que um legislador editou definitivamente essa e não aquela lei, e quais efeitos sua ordem possui. Ela pergunta de que maneira pressupostos fáticos econômicos e concepções religiosas de fato influenciam a tarefa das cortes de justiça, e por que motivos os seres humanos adequam seu comportamento à ordem jurídica ou não. Para esse tipo de abordagem, o direito está em questão apenas como pressuposto fático na ordem do ser, como fato na consciência dos seres humanos que estabelecem, cumprem ou violam normas jurídicas. Portanto, não é realmente o próprio direito que constitui o objeto desse conhecimento; são certos fenômenos paralelos da natureza. O mesmo ocorre com o fisiologista que investiga os processos químicos ou físicos que condicionam ou acompanham certos sentimentos sem apreender esses sentimentos que – como fenômenos psicológicos – não podem ser apreendidos química ou fisiologicamente. A teoria pura do direito – como ciência do direito específica – dirige seu olhar às normas jurídicas não como pressupostos fáticos da consciência, não ao querer ou à representação de normas jurídicas, mas antes às normas jurídicas como conteúdos de sentido queridos ou representados. E ela apreende todos e quaisquer pressupostos fáticos somente na medida em que eles constituem conteúdo de normas jurídicas, ou seja, são determinados através de normas jurídicas. Seu problema é a legalidade própria de uma esfera de sentido.

II. Direito e Moral

8. Direito e Justiça

Na medida em que a teoria pura do direito distingue direito e natureza, ela procura a barreira que separa natureza e espírito. A ciência do direito é ciência do espírito, não da natureza. Pode-se discutir se os objetos da natureza e do espírito coincidem com realidade e valor, ser e dever ser, lei causal e norma, ou se o âmbito do espírito é mais amplo que o do valor, do dever ser, da norma. Mas não se pode negar que o direito como norma é uma realidade do espírito e não da natureza. Assim, coloca-se a tarefa de distinguir o direito tanto da natureza quanto de outros fenômenos do espírito, especialmente de normas de outro tipo. Convém, antes de tudo, libertar o direito daquelas relações que desde sempre foram feitas com a moral. É claro que com isso não se declina totalmente da exigência de que o direito seja moral, isto é, seja bom. Essa exigência é autoevidente, mas o que ela realmente significa é outra questão. Nega-se simplesmente a visão de que o direito, enquanto tal, seja uma parte da moral, ou seja, que todo direito, enquanto direito, em algum sentido e em algum grau, seja moral. Quando se concebe o direito como uma parte da moral, não ficando assim claro se isso significa a exigência autoevidente de que o direito deveria ser construído moralmente ou se isso quer dizer que o direito – como parte da moral – teria de fato caráter moral, procura-se emprestar ao direito um caráter absoluto que a moral reclama para si.

Como categoria moral, o direito significa o mesmo que justiça. Essa é a expressão que designa ordem social absolutamente correta, uma ordem que alcança sua finalidade integralmente na medida em que traz paz a todos. A aspiração pela justiça é – quando abordada psicologicamente – a aspiração eterna do ser humano pela felicidade, que ele não pode encontrar como um ser isolado e, por isso, procura na sociedade. A felicidade social denomina-se "justiça".

De fato, emprega-se a palavra ocasionalmente também no sentido de conformidade com o direito positivo, especialmente como legalidade. "Injusta" parece então ser a situação quando uma norma geral que é aplicada a um caso não é porém aplicada a outro caso, embora os casos sejam iguais. E isso parece "injusto" sem se considerar o valor da própria norma geral. De acordo com esse uso de linguagem, o juízo de justiça expressa apenas o valor relativo da conformidade com normas. "Justo" é, aqui, apenas outra palavra para "direito".

Em seu sentido próprio, diverso do sentido de direito, "justiça" significa, porém, um valor absoluto. Seu conteúdo não pode ser determinado pela teoria pura do direito. Na verdade, esse sentido não pode de modo algum ser encontrado por meio do conhecimento racional, como demonstra a história do espírito humano, que desde séculos se ocupa em vão com a solução desse problema. Pois a justiça, que deve ser representada a partir de uma ordem mais elevada diversa do direito positivo, reside – em sua validade absoluta – muito além de toda experiência, como a ideia platônica além da realidade, como a coisa em si transcendente ao fenômeno. O dualismo justiça e direito tem o mesmo caráter metafísico desse dualismo ontológico. E como ele, também o dualismo justiça e direito possui uma dupla função, conforme uma tendência otimista ou pessimista, conservadora ou revolucionária: às vezes afirmar e, por outro lado, às vezes negar, de acordo como as circunstâncias, a concordância da ordem estatal ou social com o ideal. É impossível – de acordo como esse pressuposto – determinar a essência da ideia ou da coisa em si através da ciência, ou seja, racionalmente, a partir de um conhecimento orientado à experiência. Do mesmo modo, é impossível responder à pergunta sobre em que consiste a justiça. Todas as tentativas nesse sentido até o momento levaram sempre a fórmulas completamente vazias, como "faça o bem e evite o mal", "a cada um o seu", "fique no meio-termo", e outras. Também o "imperativo categórico" é completamente sem conteúdo. Quando se recorre à ciência para se tentar determinar o dever ser como valor absoluto, percebe-se que ela não pode dizer nada mais que: você deve fazer aquilo que você deve fazer. Uma tautologia, atrás da qual se esconde – em forma magnífica e roupagem complicada – o princípio lógico de identidade, o ponto de vista de que o bem é bom, e não mau; o justo é justo, e não injusto; *a* é igual a *a*, e não é não-*a*. A justiça, um ideal do agir e do querer transformado em objeto do conhecimento, deve ser convertida repentinamente na ideia de verdade, que encontra sua expressão – negativa – no princípio de identidade. Essa desnaturalização do problema é a consequência inevitável da logicização de um objeto que é, desde o início, alheio à lógica.

Do ponto de vista do conhecimento racional há apenas interesses e, assim, conflitos de interesses, cuja solução ocorre através de uma ordem de interesses que ou satisfaz um interesse contra o outro, às custas do outro, ou estabelece um arranjo entre os interesses conflitantes. Que somente uma ou outra ordem tenha um valor absoluto, ou seja, seja "justa", não pode ser fundamentado através do conhecimento racional. Se existisse uma justiça no sentido em que se acredita que ela existe, o direito positivo seria completamente supérfluo e sua existência seria completamente incompreensível quando se pretende impor certos interesses diante de outros. Diante da existência de um bem absoluto, uma ordem social resultante da natureza, da razão ou da vontade de Deus, a atividade do legislador estatal seria uma tentativa tola de se iluminar artificialmente algo que se encontra sob a mais brilhante luz solar. A objeção habitual de que haveria uma justiça que ainda não pode ou – o que é o mesmo – que não pode ser completamente determinada é uma contradição em si, o típico disfarce ideológico da dolorosa verdade: a justiça é um ideal irracional.

Por mais indispensável que esse ideal possa ser para o querer e o agir humanos, seu conhecimento não é acessível. Somente o direito positivo é dado ao conhecimento ou, melhor dizendo, somente ele é dado à tarefa do conhecimento. Quanto menos se esforça em distinguir com clareza a justiça e o direito, quanto mais complacente se é contra os esforços que surgem - por parte do poder que estabelece o direito - em fazer crer valer o direito também de algum modo de forma justa, maior é o apoio a todo encorajamento a tendências ideológicas que caracterizam a teoria do direito natural conservadora. Ela não pode se concentrar tanto no conhecimento do direito positivo quanto em sua justificação, em uma transfiguração, que ela obtém mostrando que o direito positivo seria apenas o produto de uma ordem natural, divina ou racional, ou seja, uma ordem absolutamente correta. Por outro lado, a teoria do direito natural revolucionária, que, na história da ciência do direito, desempenha um papel proporcionalmente menor, segue a intenção oposta: questionar a validade do direito positivo, pois ele estaria em contradição com uma ordem absoluta, pressuposta de algum modo. E, assim, representa-se a realidade jurídica de um modo mais desfavorável que aquele que corresponde à verdade.

9. A Tendência Anti-Ideológica da Teoria Pura do Direito

Essas tendências ideológicas, cujas intenções ou efeitos políticos de poder são claros, ainda dominam a ciência do direito atual, mesmo depois da aparente superação da teoria do direito natural. A teoria pura do direito se coloca contra elas. Ela quer representar o direito como ele é, sem legitimá-lo como justo ou desqualificá-lo como injusto. Ela pergunta qual é o direito real e possível, não qual é o direito correto. Nesse sentido, ela é uma teoria do direito radicalmente realista. Ela se recusa a valorar o direito positivo. Ela se considera, como ciência, comprometida apenas em apreender o direito positivo de acordo com sua essência e compreendê-lo através de uma análise de sua estrutura. Ela se recusa especialmente a servir a quaisquer interesses políticos, a oferecer a esses interesses uma ideologia através da qual a ordem social existente é legitimada ou desqualificada. Com isso, ela se opõe nitidamente à ciência do direito tradicional que, consciente ou inconscientemente, em um momento mais, em outro menos, tem um caráter ideológico. Exatamente por sua tendência anti-ideológica, a teoria pura do direito se prova como uma verdadeira ciência. Pois a ciência, como conhecimento, tem a aspiração imanente de revelar seu objeto. A ideologia encobre, porém, a realidade, na medida em que - com a intenção de conservar a realidade, defendê-la - a transfigura, ou - com a intenção de atacar a realidade, destruí-la e substituí-la por outra - a desfigura. Toda ideologia tem sua raiz no querer, não no conhecimento, e sua origem em certos interesses, mais precisamente, interesses diversos do interesse na verdade. Contudo, é claro que não se deve dizer nada sobre o valor ou a dignidade desses outros interesses. Constantemente o conhecimento rompe o véu que a vontade coloca nas coisas. A autoridade que cria o direito e que por isso procura mantê-lo poderia questionar qual utilidade teria um conhecimento livre de ideologia desse seu produto. E também as forças que destroem a ordem existente e querem substituí-la por outra, considerada melhor, podem muito bem não querer inaugurar um tal conhecimento jurídico. Uma ciência do direito não pode se preocupar com aquela nem com estas. A teoria pura do direito quer ser uma tal ciência do direito.

III. O Conceito de Direito e a Doutrina da Proposição Jurídica

10. A Doutrina do Direito Natural e o Positivismo Jurídico

O caráter ideológico da teoria do direito tradicional combatida pela teoria pura do direito se mostra já na habitual determinação do conceito de direito. Essa determinação está, ainda hoje, sob influência da conservadora doutrina do direito natural que - como já sugerido - opera com um conceito de direito transcendente. Esse conceito de direito corresponde completamente ao caráter metafísico fundamental que a filosofia possuía durante o domínio da doutrina do direito natural, um período que coincide politicamente com o desenvolvimento do estado policial das monarquias absolutas. Com a vitória da burguesia liberal, no século XIX, surge uma decisiva reação contra a metafísica e a doutrina do direito natural. Paralelamente ao progresso das ciências naturais empíricas, ocorre, com uma dissolução crítica da ideologia religiosa, uma mudança da ciência do direito burguesa, que passa da teoria do direito natural ao positivismo. Por mais radical que essa mudança possa ter sido, ela jamais foi integral. De fato, o direito não é mais pressuposto como uma categoria eterna e absoluta; reconhece-se que seu conteúdo está sujeito a mudanças históricas e que ele, enquanto direito positivo, é um fenômeno condicionado a circunstâncias temporais e espaciais. Mas o pensamento de um valor jurídico absoluto não foi completamente abandonado. Ele continua vivo também na ideia ética da justiça, à qual a ciência do direito positivista se apega. Embora se enfatize firmemente a distinção entre justiça e direito, eles permanecem conectados por laços mais ou menos visíveis. Ensina-se que, para ser "direito", a ordem positiva estatal deve participar de algum modo da justiça, seja realizando um mínimo ético, seja buscando – ainda que apenas de modo insuficiente – ser direito correto, ou seja, justo. Para ser "direito", deve o direito positivo corresponder, ainda que modestamente, à ideia de direito. Contudo, uma vez que o caráter jurídico dessa ordem estatal é pressuposto como evidente, sua legitimação é garantida também através da teoria do mínimo moral, que é apenas uma teoria minimizada do direito natural. E esse mínimo de garantia é suficiente nos tempos relativamente tranquilos do domínio da burguesia, em um período de relativo equilíbrio das forças sociais. De fato, não se chega às últimas consequências do princípio positivista reconhecido oficialmente; a ciência do direito não é, de fato, completamente orientada pelo positivismo, porém ela é predominantemente orientada por ele.

11. O "Dever Ser" como Categoria do Direito

a) O Dever Ser como Ideia Transcendente

Essa posição espiritual se expressa com clareza no conceito sob o qual o direito positivo é subsumido, o conceito de norma ou de dever ser. É verdade que a não-identidade entre normas jurídicas e normas éticas é repetidamente enfatizada. Mas, do ponto de vista jurídico, não se coloca em dúvida um valor absoluto da moral. E mesmo que isso só pareça acontecer para que, sob esse pano de fundo, destaque-se o valor meramente relativo do direito, o mero fato de a jurisprudência, incapaz de abordar a questão, não negar a existência de um valor absoluto, pode ter efeitos no conceito de direito. De fato, se o direito for – assim como a moral – visto como norma, e se o sentido da norma jurídica – assim como o da norma moral – for expressado por um "dever ser", permanece agregado no conceito da norma jurídica e do dever ser jurídico algo do valor absoluto, que é próprio da moral. O juízo de que algo é normatizado juridicamente, de que determinado conteúdo seria devido por causa do direito, nunca está completamente livre da ideia de que ele seria bom, correto, justo. E, nesse sentido, a determinação conceitual do direito - pela ciência do direito positivista do século XIX - como norma e dever ser não ocorre sem um certo elemento ideológico.

b) O Dever Ser como Categoria Transcendental

Livrar a ciência do direito desse elemento ideológico constitui o esforço da teoria pura do direito, que separa completamente o conceito de norma jurídica do conceito de norma moral - do qual ela se origina - e assegura a legalidade própria do direito também em relação à lei ética. Isso é feito de modo que a norma jurídica não seja compreendida, como a norma moral, como um imperativo - como acontece na maioria das vezes com a doutrina tradicional -, mas antes como juízo hipotético, que expressa a conexão entre um pressuposto fático condicionante e uma consequência condicionada. A norma jurídica torna-se proposição jurídica, que expressa a forma fundamental da lei. Do mesmo modo que a lei da natureza conecta um determinado fato como causa a outro como efeito, também a lei jurídica conecta a condição jurídica com a consequência jurídica (ou seja, com a denominada consequência do ilícito). Em um caso, a forma de conexão dos fatos é a causalidade, no outro caso, é a imputação, que é reconhecida pela teoria pura do direito como a legalidade específica do direito. Assim como a consequência é reconduzida a sua causa, também a consequência jurídica é reconduzida a sua condição jurídica. Mas a condição jurídica não pode ser considerada originalmente como causa da consequência jurídica. A consequência jurídica (consequência do ilícito) é imputada à condição jurídica. Esse é o sentido das afirmações: alguém é punido "por causa de" um delito, a execução contra o patrimônio de alguém ocorre "por causa de" um débito não quitado. A relação entre a pena e o delito bem como entre a execução e o pressuposto fático ilícito do direito civil possui um sentido normativo. A expressão dessa relação denominada "imputação" e, assim, a expressão da existência específica do direito, sua validade - ou seja, o sentido próprio através do qual os pressupostos fáticos pertencentes ao sistema do direito são estabelecidos em sua conexão recíproca –, e não outra coisa, é o dever ser. A teoria pura do direito representa o direito positivo através do "dever ser", assim como a expressão da lei de causalidade é o "ter de ser".

Em ambos os casos, trata-se da expressão da conexão funcional específica dos elementos para o sistema correspondente, ora a natureza, ora o direito. Especialmente a causalidade também não significa nada mais que isso se libertada do sentido mágico-metafísico a ela originalmente atribuído, que imagina na causa - de forma particularmente animista - um tipo de força que produz por si própria o efeito. A ciência da natureza não pode, contudo, renunciar a um princípio causal tão purificado, pois nele se exterioriza apenas o postulado da compreensibilidade da natureza, que só pode corresponder a uma conexão entre fatos dados ao nosso conhecimento. A lei da natureza reza: Se A é, então B tem de ser. A lei jurídica reza: se A é, então B deve ser, sem que com isso se afirme algo sobre o valor, ou seja, o valor político ou moral dessa conexão. Assim, o dever ser permanece constituindo uma categoria relativamente apriorística para se apreender o material jurídico empírico. Nesse sentido ele é indispensável se, antes de mais nada, a forma específica através da qual o direito positivo conecta os fatos deve ser apreendida e expressada. Pois é evidente que essa conexão não é uma conexão entre causa e efeito. A pena não decorre do delito como efeito a partir de uma causa. O encadeamento estabelecido pelo legislador entre esses dois fatos é completamente distinto da causalidade. Completamente distinto, mas tão inabalável quanto ele, pois, no sistema do direito, ou seja, em virtude do direito, a pena segue-se sempre e sem exceções do delito, mesmo que, no sistema da natureza, a pena possa, por qualquer motivo, não se efetivar. Quando ela se efetiva, ela não precisa necessariamente ocorrer como um efeito do delito (sendo que o delito funcionaria como causa), podendo antes ser gerada por causas consideravelmente diferentes, na verdade até mesmo quando o delito não ocorre. Quando se afirma que se denominado ilícito ocorre "deve" ocorrer a consequência do ilícito, esse "dever ser" significa - como categoria do direito - somente o sentido específico através do qual a condição jurídica e a consequência jurídica estão associadas na proposição jurídica. Essa categoria do direito tem um caráter puramente formal, o que a distingue fundamentalmente de uma ideia transcendente de direito. Ela é aplicável independentemente do conteúdo dos fatos conectados, qualquer que seja o tipo desses atos a serem apreendidos como direito. Nenhuma realidade social pode, em virtude de suas propriedades materiais, ser considerada incompatível com essa categoria jurídica. Ela é, no sentido da filosofia kantiana, cognitiva e teoricamente transcendental. Exatamente por isso ela preserva sua tendência radicalmente anti-ideológica. Por isso, exatamente nesse ponto, surge a mais violenta resistência por parte da teoria do direito tradicional, que dificilmente pode tolerar que a ordem da República Soviética deve ser apreendida como ordem jurídica do mesmo modo que a da Itália fascista ou a da França democrática capitalista.

c) O Regresso ao Direito Natural e à Metafísica

Desde as convulsões sociais causadas pela guerra mundial, a teoria do direito tradicional tem se voltado integralmente para a teoria do direito natural, do mesmo modo que a filosofia tradicional se encontra em um completo regresso a uma metafísica pré-kantiana. Em meados do século XX, a burguesia, na mesma situação política da nobreza feudal do começo do século XIX, retorna à mesma ideologia política que essa nobreza feudal defendeu na luta contra essa mesma burguesia. E exatamente por extrair as últimas consequências da filosofia e teoria do direito positivistas do século XIX, originalmente hostis à ideologia, a teoria pura do direito se coloca na mais forte oposição aos epígonos que negam a filosofia transcendental kantiana e o positivismo jurídico.

12. O Direito como Norma Coativa

Com a categoria formal do dever ser ou da norma, chega-se, contudo, apenas ao conceito geral, não à diferença específica do direito. A teoria do direito do século XIX concordava, de modo geral, que a norma jurídica seria uma norma coativa, no sentido de uma norma que determina a coação, uma norma que se distinguiria de outras normas exatamente por isso. Nesse ponto, a teoria pura do direito continua a tradição da teoria positivista do direito do século XIX. Para ela, a consequência que é conectada, na proposição jurídica, a uma determinada condição, é o ato de coação estatal, ou seja, a pena e a execução civil ou administrativa, com as quais o pressuposto fático condicionante é qualificado como ilícito e o condicionado é qualificado como consequência do ilícito. Não é qualquer qualidade imanente, qualquer relação a uma norma metajurídica, ou seja, a um valor transcendente ao direito positivo, que faz determinado comportamento humano ser considerado contrário ao direito, ou seja, um delito no sentido mais amplo do termo. O que torna determinado comportamento humano contrário ao direito é única e exclusivamente o fato de esse comportamento ser estabelecido na proposição jurídica como condição de uma consequência específica, ou seja, o fato de a ordem jurídica positiva reagir a esse comportamento com um ato de coação.

13. O Conceito de Ilicitude

Do ponto de vista imanente à teoria pura do direito, o conceito de ilicitude sofre uma reinterpretação essencial. Para o conceito de ilicitude, não é importante a motivação do legislador e nem a circunstância de um pressuposto fático ser considerado indesejável para a autoridade que estabelece a norma, ser nocivo socialmente (embora se possa dizer apenas "ser considerado nocivo pelo legislador"). O que é importante é única e exclusivamente o fato de o pressuposto fático em questão se encontrar na proposição jurídica: que ele seja condição da reação específica do direito, do ato de coação (que constitui a ação do estado). O ilícito é o comportamento daquele ser humano determinado na proposição jurídica como condição contra a qual se dirige o ato de coação estatuído como consequência na proposição jurídica. O pressuposto fático ilícito – na qualidade de comportamento dos destinatários do ato de coação – distingue-se de todas as outras condições da consequência do ilícito. A introdução da consequência do ilícito a um ser humano diferente daquele que praticou o ilícito – como no caso da ordem jurídica primitiva ou no caso de um ato jurídico imputado a uma pessoa jurídica – ocorre sempre sob o pressuposto de que entre esses seres humanos há um vínculo, seja ele real ou fictício, pressuposto pelo legislador. Fala-se, aqui, em responsabilidade por ilícito alheio. Assim, a família do assassino responde por ele, o príncipe responde pelos delitos praticados por seus súditos, o povo responde por violações ao direito causadas por outros órgãos estatais (responsabilidade coletiva). Entre o sujeito real do ilícito e o objeto da consequência do ilícito existe sempre uma identidade física ou jurídica.

Através desse tipo de abordagem, o ilícito se transforma, de negação do direito – o que parece decorrer de um ponto de vista jurídico-político – em uma condição específica do direito e, assim, em um possível objeto do conhecimento jurídico. O conhecimento jurídico pode apreender o ilícito apenas como direito. O conceito de ilicitude abdica de seu status extrassistemático, que só pode ser sustentado por uma ingênua jurisprudência pré-científica, assumindo uma posição intrassistemática. A ética e a teologia – ambas formas de conhecimento normativas – procedem da mesma maneira quando, na teodiceia, na tentativa de interpretar o mundo como um sistema do bem, despem o mal de seu caráter original como mera negação do bem para considerá-lo apenas como condição da realização do bem, imaginando que o mal finalmente leve à expiação e, portanto, a uma vitória do bem. A teoria pura do direito dissolve a visão de que os seres humanos, quando da prática do ilícito, violam ou ferem o direito. Ela mostra que o direito não pode muito menos ser violado ou ferido através do ilícito, mas antes que através do ilícito o direito cumpre sua função. O ilícito não significa - como faz crer a visão tradicional - uma interrupção na existência do direito, mas antes o contrário: com o ilícito prova-se a existência do direito. A existência do direito consiste em sua validade, consiste no dever ser do ato de coação como consequência do ilícito.

Também nesse ponto a teoria pura do direito se orienta em um sentido oposto à teoria do direito do nosso tempo que, em conexão estreita com sua volta à doutrina do direito natural, quer renunciar ao momento da coação como critério empírico do direito. A doutrina do direito natural acredita poder reconhecer esse critério no conteúdo interno do direito, em sua concordância com uma ideia de direito. Somente na medida em que se fundamenta a obrigatoriedade do direito na visão imediata de seu valor - somente se o direito positivo for descendente de uma ordem absoluta, ou seja, divina ou natural - não é preciso que a disposição da coação seja a ele essencial. Somente nesse caso a validade do direito apoia-se - exatamente como no caso da moral absoluta - na coação interna, que traz consigo a evidência de sua obrigatoriedade. Essa é uma concepção decididamente jusnaturalista.

14. O Direito como Técnica Social

a) A Eficácia da Ordem Jurídica

Quando, porém - de um ponto de vista puramente positivista -, concebe-se o direito tão somente como uma ordem exterior de coação, ele é apreendido como uma técnica social específica: o estado social desejado é gerado - ou procura-se gerá-lo - através da ligação, a ele, de um ato de coação (a supressão forçada de um bem: a vida, a liberdade, um valor econômico) como consequência. Desse modo, a ordem jurídica obviamente pressupõe que os seres humanos cujos comportamentos ela regula consideram esse ato de coação como um mal que eles devem evitar. Assim, a finalidade da ordem jurídica é incitar os seres humanos – através da representação dessa ameaça de um mal em caso de determinada conduta – à prática da conduta oposta. A eficácia pretendida pela ordem jurídica baseia-se nessa motivação. No que diz respeito à eficácia, o conteúdo das normas jurídicas – como das normas sociais em geral – limita-se ao comportamento humano. E a razão disso é que somente o ser humano, como ser dotado de razão e vontade, pode, através da representação de uma norma, ser incitado a praticar um comportamento em conformidade com a norma. Portanto, outros pressupostos fáticos como aqueles que consistem em uma ação ou omissão humana, denominados eventos, aparecem como conteúdo de normas jurídicas, seja como condição ou consequência, apenas quando conectados essencialmente com o comportamento humano. Quando ordens jurídicas primitivas estabelecem consequências do ilícito também a animais e a coisas, ou seja, quando procuram regulamentar o comportamento de sujeitos diversos dos seres humanos, elas o fazem porque o animismo primitivo considera serem os animais e as coisas animados, ou seja, interpreta o seu comportamento através de uma analogia com o comportamento humano.

b) A Norma Secundária

Quando, no que diz respeito à finalidade da ordem jurídica, se pressupõe a necessidade de os seres humanos se comportarem de modo a evitar o ato de coação ameaçador, pode-se então decompor a ordem jurídica em uma soma de normas em que esse comportamento pretendido pelo direito aparece como proibido, como, por exemplo: não se deve furtar, deve-se pagar um empréstimo etc. Deve-se manter a consciência de que, com isso, a conexão com o ato de coação, essencial para o caráter jurídico da norma, não é expressada. A norma que estatui a conduta – pretendida pela ordem jurídica – que evita a sanção constitui uma norma jurídica somente mediante a pressuposição de que ela diga – de uma forma mais confortável devido sua formulação mais curta – aquilo que somente a proposição jurídica pode expressar completamente: que sob a condição da conduta oposta um ato de coação deve ocorrer como consequência. Essa última é a norma jurídica em sua forma primária. A norma que estatui a conduta que evita a sanção pode ser considerada apenas como norma jurídica secundária. Em relação ao pressuposto fático estabelecido por essa norma secundária como devido (a conduta pretendida pela ordem jurídica e que evita a sanção), o ilícito – a condição do ato de coação – representa, contudo, algo como uma negação, uma espécie de contradição. Porém, não há contradição lógica, nem mesmo entre esse pressuposto fático e essa norma secundária que estatui o comportamento oposto a ele. Uma contradição lógica pode ocorrer apenas entre duas proposições de ser ou entre duas proposições de dever ser, nunca entre uma proposição que afirma um ser e outra que afirma um dever ser. Assim, uma contradição pode, portanto, muito bem ocorrer entre duas normas; não, porém, entre uma norma de dever ser e um pressuposto fático no âmbito do ser. A representação *A deve ser, não-A deve ser*, constitui uma *contradictio logica*, mas a *representação A deve ser, não-A é*, não. A oposição entre normas constitui uma categoria completamente diversa da contradição lógica. A oposição que ocorre entre um pressuposto fático e a norma que estatui o seu oposto não pode, na verdade, ser denominada contrariedade lógica, mas talvez contrariedade teleológica, se o *telos* for pressuposto como uma finalidade objetiva. Os conceitos tradicionais de ilegalidade e legalidade, de contradição e conformidade com o direito, são obviamente centrados na norma secundária e na expressão da finalidade do direito. Pode-se operá-los sob o pressuposto de que o primeiro significa o comportamento condicionante do ato de coação e o segundo significa o comportamento que evita o ato de coação.

c) Motivos da Obediência ao Direito

É difícil decidir se o comportamento humano que corresponde à ordem jurídica é de fato o efeito da representação provocado pela ameaça do ato de coação. Com certeza há, em vários casos, motivos bem distintos que levam àquele estado pretendido pelo direito. Nem sempre é o receio da pena ou da execução que leva à concordância entre direito e realidade; muitas vezes essa concordância é gerada por motivos religiosos ou morais, consideração de costumes sociais, preocupação com respeito social e, muito frequentemente, a falta de qualquer incentivo a um comportamento contrário ao direito. Essa relação de correspondência entre o comportamento real dos seres humanos e a ordem jurídica, que possui – como ainda veremos adiante – significado profundo para a validade da ordem jurídica, não precisa necessariamente ser atribuída à eficácia da ordem jurídica, mas antes especialmente a ideologias cuja função é levar a essa correspondência ou promovê-la.

Através do modo específico do direito, ou seja, através da conexão de um comportamento humano considerado socialmente lesivo a um ato de coação considerado pelos seres humanos como um mal, pode-se buscar qualquer finalidade social. O direito se caracteriza não como fim, mas como meio específico, o que claramente deve mostrar por que a norma jurídica secundária formulada acima não pode constituir sozinha, sem referência à proposição jurídica que conecta a condição jurídica à consequência jurídica, a expressão essencial do direito. O direito é um aparato de coação, que não possui qualquer valor político ou ético em si e por si. Ele é um aparato de coação cujo valor depende antes de um fim que é ao direito – como meio – transcendente. Essa interpretação do pressuposto fático a ser apreendido como direito também é uma interpretação livre de toda ideologia. Com isso, o pressuposto fático é reconhecido inequivocamente como historicamente condicionado, o que abre uma perspectiva sobre a conexão interna entre a técnica social de uma ordem jurídica e um estado social que deve ser mantido através dessa ordem jurídica. Qual é esse estado social, e se ele teria especialmente, como se afirma do lado socialista, o caráter de um domínio de classes explorador, é, do ponto de vista da teoria pura do direito, irrelevante. O motivo disso é que a teoria pura do direito não aborda a finalidade perseguida e alcançada pela ordem jurídica, mas antes a própria ordem jurídica, não em relação a essa sua finalidade e, portanto, como causa possível de determinado efeito – pois a relação meio-fim é apenas um caso especial de relação causal –, mas antes em relação à legalidade normativa específica de seu conteúdo de sentido.

15. A Negação do Dever Ser

Esse sentido normativo é frequentemente negado. Considera-se o direito, ou seja, os atos que estabelecem o direito, simplesmente como meio para se gerar determinado comportamento dos seres humanos aos quais esses atos se dirigem, portanto, como causas de determinados efeitos. Acredita-se poder apreender a ordem jurídica na regularidade de determinado padrão de comportamento dos seres humanos. Com isso, ignora-se conscientemente o sentido normativo que ocorre nesses atos, pois não se acredita ser possível aceitar o sentido de um dever ser que é diferente de um ser. A afirmação do legislador ou do teórico do direito de que "quem furta deve ser punido" é vista como nada mais que uma tentativa de levar os seres humanos a se absterem de furtar, porque outros punem aquele que furta. Ela é vista como um empreendimento que deve produzir nos seres humanos determinadas representações que, através de sua força motivadora, promoverão um comportamento adequado. A posição jurídica de que "se deve" punir aquele que furta ou de que não "se deve" furtar dissolve-se na identificação do fato de que os seres humanos procuram fazer os outros não furtar ou punir aqueles que furtam, bem como no fato de os seres humanos, via de regra, absterem-se de praticar o furto e punirem aqueles que furtam. Enxerga-se no direito e na relação entre os seres humanos que criam e aqueles que implementam o direito uma empreitada do mesmo tipo da de um caçador que coloca uma isca para uma presa, com o intuito de prendê-la em uma armadilha. Essa comparação é correta não apenas por que em ambos os casos a motivação é a mesma, mas também na medida em que quando o direito é considerado - pelo legislador e pela jurisprudência - como norma, de acordo com a abordagem do direito aqui caracterizada, há uma decepção. Sob esse ponto de vista não "existe" absolutamente qualquer "norma", e a afirmação de que isso ou aquilo "deve ser" não possui, como a teoria pura do direito assume, um sentido jurídico-positivo específico, um sentido diferente do sentido moral. Sob esse ponto de vista é possível somente o evento natural em que ocorre um nexo causal; são possíveis os atos jurídicos apenas em sua facticidade, mas não é possível o conteúdo de sentido específico que acompanha esses atos. A norma ou o dever ser com que o próprio direito se representa e é representado pela jurisprudência aparece - no sentido esclarecido pela teoria pura do direito, um sentido libertado de qualquer valor moral absoluto - como mera "ideologia". Como "realidade" - e, portanto, como objeto do conhecimento científico - restam somente eventos físico-psíquicos que ocorrem de acordo com a lei de causa e efeito, ou seja, resta apenas a natureza.

16. O Sentido Normativo do Direito

Pode ficar aqui em aberto a questão sobre se, sob esse ponto de vista, fenômenos sociais podem ser apreendidos, se com uma tal abordagem todo o social deve ser dissolvido completamente e deve absolutamente desaparecer como um objeto específico. A razão disso é que há muitas razões que indicam que o âmbito social tem um caráter fortemente ideológico, que a sociedade, como ideologia, distingue-se fundamentalmente da natureza como realidade. De todo modo é certo que, com isso, o sentido específico do direito perde-se integralmente. Quando se suprime da "norma" ou do "dever ser" todo o sentido, não faz sentido afirmar que algumas coisas seriam juridicamente permitidas e outras juridicamente proibidas, que algumas coisas pertencem a mim e outras a você, que X estaria autorizado a algo e Y obrigado a algo etc. Em suma, as milhares de afirmações em que a vida jurídica se exterioriza perderiam seu significado. Pois constitui algo muito diferente dizer que A está juridicamente obrigado a entregar 1000 a B e dizer que existe uma determinada chance de que A entregue 1000 a B. E constitui algo completamente diferente dizer que esse comportamento é – no sentido da lei – um delito e deve – de acordo com a lei – ser punido, e dizer que esse comportamento muito provavelmente será punido. O sentido imanente com o qual o legislador se dirige ao órgão aplicador do direito, o sentido imanente com o qual esse órgão aplicador – com a sentença judicial e o ato administrativo – dirige-se aos súditos, o sentido imanente com o qual os súditos – com o negócio jurídico – dirigem-se a outros súditos, nenhum desses sentidos é captado com a afirmação sobre a ocorrência provável de um comportamento futuro. Essa afirmação ocorre a partir de um ponto de vista transcendente. Ela não responde à questão jurídica específica sobre o que é correto juridicamente, mas antes à questão metajurídica sobre o que ocorre e presumivelmente ocorrerá. Se o sentido normativo do direito for apenas uma "ideologia", então uma teoria pura do direito – que quer apreender o sentido imanente do direito, o direito do modo como ele se apresenta aos órgãos que criam o direito, aos órgãos aplicadores do direito e ao público que procura o direito – dirige-se à legalidade específica de uma ideologia.

A teoria pura do direito é completamente consciente disso. Na medida em que ela despe o dever ser do direito positivo de seu caráter de valor metafísico absoluto (deixando-o permanecer apenas como expressão da conexão entre condição e consequência), ela abre para si o caminho para aquele ponto de vista que gera a visão do caráter ideológico do direito. Ela não nega que o sentido específico normativo de determinados pressupostos fáticos designados como direito seja o resultado de uma determinada pressuposição fundamental – que deverá ser examinada mais adiante – e não de uma interpretação necessária. Ela não nega que a existência do direito não pode ser provada, como podem os fatos naturais e as leis naturais que os determinam, nem que não seja possível contestar, com argumentos irrefutáveis, determinada postura como a do anarquismo teórico, que se recusa a ver naquilo que os juristas descrevem como direito algo diverso da mera violência. Mas a teoria pura do direito não acredita que, por causa disso, deve-se concluir pela rejeição absoluta da categoria do dever ser e, assim, de uma teoria normativa do direito. Em outros termos, não é preciso rejeitar uma penetração epistemologicamente adequada e uma revisão sistemática do conteúdo espiritual que os atos naturais – que afinal dão sentido ao direito – portam. A possibilidade e a necessidade dessa teoria são provadas pela existência milenar da ciência do direito que – enquanto existir um direito – serve, como jurisprudência dogmática, à necessidade intelectual daqueles que se ocupam com o direito. Não há qualquer motivo para não satisfazer essa necessidade legítima e abdicar dessa ciência do direito. É impossível substituí-la pela sociologia jurídica, pois esta se dirige a um problema bem diferente do problema a que aquela se dirige. Assim como enquanto houver uma religião deve haver uma teologia dogmática, que não deve ser substituída por qualquer psicologia da religião ou sociologia da religião, também haverá uma doutrina normativa do direito enquanto houver um direito. Sua posição no sistema das ciências é uma outra questão, uma questão secundária. O que é necessário não é abolir essa ciência do direito e, ao mesmo tempo, a categoria do dever ser ou da norma, mas antes limitá-la a seu objeto e esclarecer seu método.

17. Dever Ser e Ser do Direito

Que se aceite o direito – comparado com a realidade natural – como ideologia e, ainda assim, apoie-se uma teoria do direito pura, ou seja, livre de ideologia, não é de modo algum tão contraditório quanto parece. Pois, independentemente da ambiguidade da palavra "ideologia", que às vezes é afirmada como espírito em oposição à natureza e outras vezes significa uma representação que encobre, transfigura ou distorce a realidade, é preciso observar que, ocasionalmente, diferentes ideologias se sobrepõem. Dentro do âmbito ideológico, frequentemente devem ser distinguidas múltiplas perspectivas, o que relativiza a oposição entre ideologia e realidade. Quando se aborda o direito positivo como uma ordem normativa, em sua relação com eventos fáticos que – de acordo com a pretensão do direito – devem a ele corresponder (embora esses eventos nem sempre correspondam integralmente ao direito), pode-se então qualificá-lo como "ideologia". Quando se aborda o direito positivo em sua relação com uma ordem "superior", por exemplo o direito natural, que levanta a pretensão de que o direito positivo corresponda a ela, quando se aborda o direito em sua relação como o ideal de uma justiça de algum modo pensada, então o direito positivo é representado como o direito "real", o direito que é, e o direito natural ou a justiça como ideologia. Ao procurar isolar a representação do direito positivo de todas as formas de ideologia jusnaturalistas da justiça, a teoria pura do direito mantém sua tendência anti-ideológica. Ela não discute a possibilidade da validade de uma ordem que está acima do direito positivo. Ela se limita ao direito positivo e evita que a ciência do direito faça o direito ser considerado uma ordem mais elevada, ou que a justificação do direito positivo seja obtida a partir de uma ordem mais elevada. Ela evita, ainda, que a discrepância entre um ideal de justiça de algum modo pressuposto e o direito positivo seja mal-usada como um argumento jurídico contra a validade do direito positivo. A teoria pura do direito é a teoria do positivismo jurídico.

IV. O Dualismo da Doutrina Jurídica e sua Superação

18. A Origem Jusnaturalista do Dualismo entre Direito Objetivo e Subjetivo

A teoria geral do direito, do modo como desenvolvida pela jurisprudência positivista do século XIX, é caracterizada por um dualismo que domina todo o sistema e que faz uma cisão em todos os seus problemas. Esse dualismo é uma herança da teoria do direito natural, no lugar da qual a teoria geral do direito foi posta. Como evidenciado, o dualismo jusnaturalista consiste em assumir, acima da ordem estatal do direito positivo, uma ordem superior - divina, racional ou natural. A função dessa ordem superior, pelo menos na visão dos defensores clássicos da teoria do direito natural dos séculos XVII e XVIII, era, essencialmente - como deve-se repetidamente enfatizar -, uma função conservadora-legitimadora. Como já enfatizado, o positivismo do século XIX de fato não renuncia completamente a uma legitimação do direito através de um valor suprapositivo absoluto. Mas ele aceita essa legitimação apenas indiretamente, colocando-a, por assim dizer, sob a superfície de seus conceitos. A justificação do direito positivo não é realizada atualmente com base nesse outro direito superior, mas antes com base no próprio conceito de direito. Não se trata, aqui, daquele dualismo por assim dizer imanente, não manifesto, mas antes daquele dualismo evidentemente transistemático que aparece na distinção entre direito objetivo e subjetivo, direito público e privado, em diversos outros pares opostos e, especialmente, no antagonismo entre estado e direito. E a função desse dualismo, que se mostra através das mais variadas formas e nas mais diversas aplicações, não é, de modo algum, apenas legitimar a ordem jurídica, mas também estabelecer determinados limites à concepção de seu conteúdo. A legitimação da ordem jurídica se realiza principalmente através da oposição entre estado e direito, enquanto o estabelecimento de limites à concepção do conteúdo da ordem jurídica se realiza claramente por meio da distinção entre direito objetivo e subjetivo. A oposição entre direito público e privado é excepcionalmente ambígua e, por isso, sua função ideológica também não é determinada homogeneamente.

19. O Conceito de Direito Subjetivo

Quando a teoria geral do direito afirma que o seu objeto, o direito, é dado tanto em um sentido objetivo quanto em um sentido subjetivo, ela cria já no fundamento do seu sistema - que é o dualismo entre direito objetivo e subjetivo - uma contradição fundamental. Pois ela afirma que o direito - em seu aspecto objetivo - seria norma, conjunto de normas, ou seja, ordem, e, ao mesmo tempo - em seu aspecto subjetivo - seria algo completamente distinto e impossível de ser subsumido a um conceito comum mais geral: interesse ou vontade. Essa contradição não pode ser resolvida afirmando-se uma relação entre direito objetivo e direito subjetivo, nem definindo o direito subjetivo como interesse protegido pelo direito objetivo, como vontade reconhecida ou garantida pelo direito objetivo. De acordo com sua intenção originária, o dualismo entre direito objetivo e direito subjetivo expressa o pensamento de que o direito subjetivo antecede o direito objetivo tanto logicamente quanto temporalmente. A ideia decisiva é que primeiro surgem direitos subjetivos, sobretudo a propriedade, que (através da aquisição originária) é o protótipo do direito subjetivo, e somente depois se introduz o direito objetivo como ordem estatal que protege, reconhece ou garante os direitos subjetivos que existem independentemente dessa ordem. Essa visão emerge da forma mais clara com os defensores da escola histórica do direito, que não só inauguraram o positivismo jurídico do século XIX como também determinaram essencialmente a formação de conceitos da teoria geral do direito. Assim, por exemplo, lê-se em Dernburg: "Direitos em sentido subjetivo existiam historicamente muito tempo antes de uma ordem estatal consciente se desenvolver. Eles se fundamentavam na personalidade dos indivíduos e no respeito para si e para seus bens que esses indivíduos conseguiam obter e aplicar coativamente. Apenas através de abstração se começou, a partir da percepção de direitos subjetivos previamente existentes, a ser obtido o conceito de ordem jurídica. Assim, a concepção de que direitos em sentido subjetivo não seriam nada mais que produtos do direito objetivo é a-histórica e incorreta."

20. O Conceito de Sujeito de Direito ou Pessoa

Na mais estreita relação com o conceito de direito subjetivo, na verdade apenas como uma outra expressão do mesmo conceito, surge o conceito de sujeito de direito ou "pessoa" como portador de direitos subjetivos, um conceito concebido essencialmente para a figura do proprietário. Também aqui é decisiva a representação de uma entidade jurídica independente da ordem jurídica, a representação de uma subjetividade jurídica que, por assim dizer, encontra o direito subjetivo, seja no indivíduo ou em determinadas coletividades; uma subjetividade jurídica que deve e precisa somente reconhecer o direito subjetivo, para que ele não perca seu caráter de "direito". A oposição entre direito (em sentido objetivo) e subjetividade jurídica, que constitui uma contradição da teoria na medida em que ela afirma simultaneamente a existência dos dois, expressa-se da forma mais evidente no fato de o sentido do direito objetivo como norma heterônoma ser a vinculação, a coação, enquanto a essência da personalidade no direito é explicada como a negação de qualquer vinculação, ou seja, a liberdade como autodeterminação ou autonomia. Assim escreve Puchta: "O conceito fundamental do direito é a liberdade (...) o conceito abstrato de liberdade é: possibilidade de determinar-se a algo (...). O ser humano é sujeito de direito porque a ele se atribui a possibilidade de se determinar, porque ele tem uma vontade".

21. O Significado Ideológico dos Conceitos de "Direito Subjetivo" e "Sujeito de Direito"

O caráter fictício dessa delimitação do conceito de personalidade jurídica salta aos olhos. A razão disso é que se for possível falar sobretudo em autodeterminação do indivíduo no âmbito do direito, especialmente no âmbito do denominado direito privado e, assim, em relação ao contrato como pressuposto fático criador de direito, como negócio jurídico, então a autonomia existe em um sentido apenas muito limitado e impróprio. E isso é assim porque ninguém pode atribuir direitos a si próprio, já que o direito de um só existe diante da pressuposição da existência do dever de outrem. E essa relação jurídica, em conformidade com a ordem jurídica, só pode surgir através da manifestação da vontade comum de dois indivíduos. E até mesmo isso ocorre somente na medida em que o contrato é estabelecido pelo direito objetivo como pressuposto fático criador de direito, de modo que a qualificação jurídica se baseia, em última instância, nesse direito objetivo e não no sujeito de direito que se relaciona a ele. Assim, nem mesmo no direito privado existe uma autonomia completa.

A função ideológica dessa delimitação conceitual de direito subjetivo, que é completamente contraditória em si mesma, pode ser facilmente percebida: perpetuar a ideia de que o direito subjetivo, ou seja, a propriedade privada, seria uma categoria transcendente diante do direito objetivo, uma instituição que constituiria uma limitação intransponível para a caracterização do conteúdo da ordem jurídica. O conceito de um direito subjetivo diverso e independente do direito objetivo torna-se mais importante quando o direito objetivo, ou seja, a ordem jurídica que ainda garante a instituição da propriedade privada, é reconhecido como uma ordem mutável, que se modifica continuamente e é criada pelo arbítrio dos seres humanos, e não como uma ordem que se apoia na vontade eterna da divindade, na razão ou na natureza. E isso ocorre especialmente quando essa ordem é criada através de um processo democrático. O pensamento de um direito diverso do direito objetivo e dele independente em sua existência, que não é menos "direito" que o direito objetivo, sendo talvez até mais "direito" que ele, deve evitar a abolição, por parte da ordem jurídica, da instituição da propriedade privada. Na medida em que na liberdade sempre também está incluída a propriedade, não é difícil entender a razão pela qual a ideologia do direito subjetivo se conecta ao valor ético da liberdade individual, da personalidade autônoma. Uma ordem que não reconhece os seres humanos como personalidades livres nesse sentido, ou seja, uma ordem que não garanta o direito subjetivo, não deve ser considerada uma ordem jurídica.

22. O Conceito de Relação Jurídica

O fato de a relação entre direito e sociedade – especialmente entre direito e economia – ser vista como uma relação entre forma e conteúdo está completamente de acordo com essa ideologia. De acordo com ela também está o fato de a relação jurídica ser interpretada como uma conexão que ocorre dentro do material social, como uma "relação de vida", que experimenta, através do direito, apenas sua delimitação exterior. Trata-se de uma tendência da jurisprudência tradicional, que se comporta "sociologicamente", mas que, na verdade, com essa concepção, persegue apenas tendências jusnaturalistas. A distinção da relação jurídica em relação pessoal e real, conforme se trate da relação entre sujeitos ou da relação entre o sujeito e o objeto do direito, ou seja, entre pessoa e coisa, é semelhante ao dualismo entre direito objetivo e direito subjetivo. A relação jurídica real, a conexão jurídica relativa a coisas, é, por excelência, a propriedade. A distinção entre relação jurídica pessoal e real é feita sob medida para a propriedade. Ela é definida como domínio exclusivo de uma pessoa sobre uma coisa e, com isso, essencialmente separada de pretensões jurídicas que fundamentam relações jurídicas somente pessoais. Também essa distinção, que é importante para a sistemática do direito privado, tem um forte caráter ideológico. Se, apesar das repetidas objeções de que o domínio jurídico de uma pessoa sobre uma coisa consistiria em nada mais que determinada relação entre o sujeito e outros sujeitos, ou seja, consistiria no dever desses sujeitos de não impedir o proprietário de sua possibilidade de dispor de uma coisa, ou seja, na possibilidade jurídica de um excluir todos os outros do uso da coisa, a distinção ainda se mantém, isso obviamente ocorre porque a determinação da propriedade como relação entre pessoa e coisa encobre sua essencial função econômico-social: uma função que é denominada pela teoria socialista - se com ou sem razão pode permanecer aqui em aberto - como "exploração", uma função que consiste, em todo caso, exatamente na relação entre o proprietário e todos os outros sujeitos que estão impedidos de ter acesso à coisa, sujeitos esses que são obrigados - pelo direito objetivo - a respeitar o poder exclusivo de disposição do proprietário sobre a coisa. A doutrina jurídica tradicional volta-se exatamente contra isso, opondo-se categoricamente à consideração do direito subjetivo, ou seja, à autorização de um, apenas como reflexo do dever jurídico de outrem. Repetidamente e com grande ênfase defendem os partidários dessa distinção o caráter primário da autorização, identificando-a completamente com o direito, o direito em sentido subjetivo.

23. O Conceito de Dever Jurídico

A segunda forma do direito subjetivo, o dever jurídico, é tratado pela teoria geral do direito com extraordinária negligência. Afirma-se, dentre outras coisas, que o dever não seria sequer um conceito jurídico. Mesmo não podendo a função essencial de uma ordem, especialmente de uma ordem de coação como o direito, ser algo diferente da vinculação normativa dos indivíduos a ela subordinados, haveria apenas deveres morais, e, no âmbito do direito, haveria apenas direitos subjetivos, mas não deveres jurídicos. Esse vínculo normativo não pode ser designado de outro modo a não ser através da palavra "dever", pois também o dever moral expressa nada mais que o vínculo que o indivíduo experimenta através da validade de uma ordem moral. Considerando, porém, o papel que o direito subjetivo desempenha como categoria do direito privado, de fato não faz muito sentido ampliá-lo ao conceito de dever jurídico, pois tudo que o "direito subjetivo" no sentido da teoria ideológica consegue atingir será absolutamente questionado se ele for confrontado com um fator tão ou mais primário, o conceito de dever jurídico.

24. A Redução do Direito Subjetivo ao Direito Objetivo

a) A Norma Jurídica como Dever Jurídico

Exatamente nesse ponto, com sua crítica à doutrina dominante, a teoria pura do direito coloca no primeiro plano, com a maior ênfase, o conceito de dever jurídico. E também nesse ponto ela apenas extrai a última consequência de determinados pensamentos fundamentais que já estavam presentes na teoria positivista do século XIX, mas que não passavam de abordagens relativamente modestas. Ela reconhece no dever jurídico apenas a norma jurídica em sua relação com o comportamento concreto de determinado indivíduo – estatuído por essa norma jurídica – ou seja, a norma jurídica individualizada. Com isso, ela emancipa completamente o conceito de dever jurídico do conceito de dever moral. Ela interpreta o conceito de dever jurídico da seguinte maneira: um ser humano está obrigado a determinado comportamento na medida em que o oposto desse comportamento é posto na norma jurídica como condição para um ato de coação qualificado como consequência do ilícito.

Quando o ato de coação se dirige contra outro ser humano diverso daquele cujo comportamento constitui a condição da consequência do ilícito e – nesse sentido – constitui o conteúdo do dever, pode-se falar em responsabilidade. Assim, distinguem-se os conceitos de responsabilidade e dever, aparecendo a responsabilidade como uma forma especial de dever. Com isso o dever jurídico é reconhecido como a única função essencial do direito objetivo. Toda proposição jurídica deve, necessariamente, estatuir um dever jurídico, podendo também estatuir uma autorização.

b) A Norma Jurídica como Autorização

Uma autorização existe quando uma manifestação de vontade direcionada à consequência do ilícito – na forma de queixa ou reclamação por parte daquele cujos interesses são violados – é incluída no pressuposto fático ilícito, como condição da consequência desse ilícito. Somente na relação com aquele cujos interesses são violados a norma jurídica se individualiza, transformando-se em uma autorização, em um direito subjetivo. Esse direito subjetivo é direito em um sentido diferente do sentido do dever jurídico; ele significa direito de um sujeito, na medida em que a norma é colocada à disposição desse sujeito para a satisfação de seus interesses. O direito subjetivo como autorização não se coloca diante do direito objetivo como algo independente, pois só há algo como um direito subjetivo quando e na medida em que o direito objetivo o normatiza. A autorização é, sobretudo, apenas uma estrutura material possível, e não uma estrutura necessária do direito objetivo. Ela é uma técnica especial da qual o direito pode se servir, mas da qual ele pode perfeitamente não se servir. Ela constitui a técnica específica da ordem jurídica capitalista, na medida em que se erige como base na instituição da propriedade privada, considerando assim especialmente o interesse individual. Trata-se porém de uma técnica que não domina todas as partes da ordem jurídica capitalista, encontrando-se desenvolvida somente no âmbito do denominado direito privado e em determinadas partes do direito administrativo. Até mesmo o direito penal já superou essa técnica, na medida em que no lugar dos interesses do ofendido entra um órgão estatal que, em virtude de sua condição de servidor, como acusador, põe em movimento um processo através do qual a consequência do ilícito deve ser realizada.

Com essa percepção da teoria pura do direito sobre a essência daquilo que se denomina direito em sentido subjetivo abole-se o dualismo entre direito subjetivo e objetivo. O direito subjetivo não é diverso do direito objetivo, ele é o próprio direito objetivo, na medida em que o direito objetivo, com a consequência por ele estatuída contra o ilícito, dirige-se contra um sujeito concreto (dever) ou coloca-se à disposição de um sujeito concreto (autorização). Quando se reduz o direito subjetivo ao direito objetivo, quando se extrai o direito subjetivo do direito objetivo, exclui-se todo abuso ideológico e, acima de tudo, o conceito de direito deixa de ser reduzido a uma estrutura técnica especial da ordem jurídica. A natureza histórica condicional da formação capitalista do direito é acolhida no próprio conceito de direito.

c) A Autorização como Participação na Criação do Direito

Quando se reconhece que a essência do direito subjetivo (como autorização) - típico do direito privado - consiste em que a manifestação da vontade do interessado dirigida à consequência do ilícito - sua queixa ou reclamação - é assimilada como parte essencial do processo em que a norma individual contida na sentença judicial é criada, ligando, assim, a um pressuposto fático ilícito concreto uma consequência concreta do ilícito, então a admissão de um direito subjetivo significa a garantia de participação na criação do direito.

Esse é o ponto de vista a partir do qual se pode apreender também outros pressupostos fáticos designados como direito subjetivo, que, ao contrário da autorização no direito privado, não constituem uma manifestação da vontade dirigida à consequência do ilícito. Trata-se especialmente dos denominados "direitos políticos".

Eles são geralmente caracterizados como o poder de influenciar a formação da vontade estatal, o que na verdade significa participar direta ou indiretamente na criação da ordem jurídica - através da qual a "vontade estatal" se expressa. Com isso se pensa, porém - como geralmente se faz quando se trata da ordem jurídica personificada como "vontade estatal" -, somente na manifestação mais comum das normas jurídicas que constituem essa ordem, ou seja, pensa-se somente nas leis. A participação daqueles que estão sujeitos à norma na produção da legislação é a característica essencial da forma democrática de estado, em contraposição à forma autocrática, que exclui os súditos de toda participação na formação da vontade estatal. A produção da legislação democrática pode se dar imediatamente através do "povo", ou seja, através daqueles que estão sujeitos às normas, ao que corresponde - nas denominadas democracias diretas - o direito subjetivo do indivíduo de participar na assembleia popular legislativa, discutindo e votando. Ela pode, porém, ser atribuída ao povo somente mediatamente, ou seja, ela é exercida através de um parlamento eleito pelo povo. Nesse caso, o processo de formação da vontade estatal - ou seja, a criação geral de normas - é decomposto em dois estágios: eleição do parlamento e aprovação das leis pelos membros do parlamento eleitos. De acordo com isso, há um direito subjetivo de um círculo maior ou menor de eleitores, o denominado direito de sufrágio, e um direito subjetivo dos eleitos (que proporcionalmente estão em menor número) de participar do parlamento, nele discutindo e votando. Esses são os direitos políticos. Se eles são caracterizados como garantia aos autorizados de participar na formação da vontade estatal, então também o direito subjetivo privado é um direito político, pois também ele permite aos autorizados participar na formação da vontade estatal. Isso se expressa na norma individual da sentença judicial em medida não menor que na norma geral do legislador. E se o direito subjetivo privado e o direito político podem ser resumidos em um único conceito de autorização, isso só ocorre porque em ambos os casos se manifesta a mesma função jurídica: a participação daqueles que estão sujeitos à norma na criação do direito, ou seja, a função de criação do direito. A denominada autorização "política" em sentido estrito garante a participação na criação de normas gerais, a autorização de direito privado garante a participação na criação de normas individuais.

Quando se considera o direito subjetivo (no sentido de autorização) como uma forma especial da função de criação jurídica, toda oposição entre direito objetivo e subjetivo desaparece integralmente, e o caráter primário do dever jurídico se mostra de forma clara em contraste com o caráter secundário da autorização. Enquanto o dever jurídico se mostra como função verdadeira e invariável de toda norma jurídica, o direito subjetivo se mostra - como autorização de direito privado - apenas como instituição de uma ordem jurídica capitalista ou - como autorização "política" - como entidade de uma ordem democrática.

25. A Dissolução do Conceito de Pessoa

Com isso abre-se também o caminho para se reconhecer o conceito de sujeito de direito ou pessoa somente como um recurso artificial de pensamento, um conceito auxiliar que o conhecimento jurídico criou - sob a pressão de uma linguagem jurídica antropomórfica e personificadora - com o fim de representar o material a ser apreendido. "Pessoa" é somente a expressão unitária personificadora para um feixe de deveres jurídicos e autorizações, ou seja, para complexos de normas: um entendimento que evita hipostasiações enganosas que duplicam o direito como objeto do conhecimento.

a) A Pessoa "Física"

Agora pode ser cumprida completamente a velha exigência da teoria positivista do direito de apreender a pessoa física e a pessoa jurídica como essencialmente iguais. A "pessoa física" não é - como afirma a doutrina tradicional - o ser humano. Esse conceito não é um conceito jurídico, mas antes biológico-psicológico. Ele não expressa qualquer unidade dada ao direito ou ao conhecimento jurídico, pois o direito não abrange os seres humanos em sua totalidade, não com todas suas funções psíquicas e corporais. Ele estatui, como dever ou autorização, apenas atos humanos bem determinados. Em outras palavras: o ser humano pertence a uma comunidade constituída por uma ordem jurídica não integralmente, mas somente com suas ações ou omissões individualizadas, na medida em que elas são reguladas pela ordem da comunidade. Somente por isso é possível que o mesmo ser humano pertença ao mesmo tempo a várias comunidades jurídicas distintas entre si, podendo seu comportamento ser regulado por diferentes ordens jurídicas. Quando se afirma que o conceito de ser humano, próprio da ciência da natureza, deve ser distinguido do conceito jurídico de pessoa, isso não significa que a "pessoa" seja um tipo especial de ser humano, mas antes que esses conceitos representam duas unidades completamente distintas. O conceito jurídico de pessoa ou de sujeito de direito expressa apenas a unidade de uma pluralidade de direitos e deveres, ou seja, a unidade de uma pluralidade de normas que estatuem esses deveres e direitos. A pessoa "física" que corresponde ao ser humano individualizado é a personificação, ou seja, a expressão personificada da unidade das normas que regulam o comportamento de um ser humano. Ela é o "portador" de todos esses deveres e direitos. Isso significa porém que, quando ela é despida dessa representação de seu caráter substancial, que duplica o objeto, resulta o ponto comum de imputação para os pressupostos fáticos dos comportamentos humanos normatizados como deveres e direitos, o ponto médio de toda ordem parcial, cujas normas estatuem esses direitos e deveres e cuja individualização resulta da relação com um único ser humano. Essa é uma realidade natural, uma noção auxiliar do conhecimento jurídico, que poderia muito bem ser dispensada. Ela facilita a representação do direito, mas não é indispensável. A representação do direito deve, afinal, sempre se voltar às normas que regulam o comportamento humano como deveres e direitos. Que o ser humano seja ou tenha uma personalidade jurídica significa nada mais que determinadas ações e omissões desse ser humano constituem, de algum modo, o conteúdo de normas jurídicas. Assim, em relação à distinção a ser estritamente mantida entre ser humano e pessoa é incorreto dizer que o direito obrigaria e autorizaria pessoas. O direito obriga e autoriza seres humanos. O comportamento humano constitui o conteúdo das normas jurídicas e, assim, de deveres e direitos. E o comportamento humano não pode ser outra coisa senão o comportamento de seres humanos individualizados.

b) A Pessoa "Jurídica"

Do mesmo modo que a pessoa física, também a denominada pessoa jurídica é somente a expressão da unidade de um complexo de normas, ou seja, de uma ordem jurídica que regula o comportamento de uma pluralidade de seres humanos. Ela é a personificação ou de uma ordem parcial, por exemplo um estatuto social que constitui uma comunidade parcial – a personalidade jurídica da sociedade –, ou de uma ordem jurídica total, que constitui a comunidade jurídica que abrange todas as comunidades parciais e que geralmente se representa pela pessoa do estado. Exatamente como a pessoa física, a pessoa jurídica não tem existência natural-real. "Real" nesse sentido natural é apenas o comportamento humano regulado por normas, que pode ser classificado a partir de diversos pontos de vista. A suposição de que a pessoa jurídica seria uma realidade diferente dos seres humanos individuais, mas estranhamente imperceptível sensorialmente, ou um organismo social supra-individual constituído por seres humanos individuais constitui a hipostasiação ingênua de um objeto de pensamento, de uma noção jurídica auxiliar. Do mesmo modo que a pessoa física não é um ser humano, a pessoa jurídica não é um ser supra-humano. Os deveres e direitos de uma pessoa jurídica devem se converter em deveres e direitos de seres humanos, ou seja, em normas que normatizam o comportamento humano, que estatuem esse comportamento humano como deveres e direitos. Quando se afirma que a ordem jurídica do estado individual obriga ou autoriza uma pessoa jurídica, isso significa que ela transforma o comportamento de um ser humano em dever ou direito sem determinar o próprio sujeito desse comportamento. Essa determinação é deixada – por delegação por parte da ordem jurídica estatal – à ordem jurídica parcial, cuja unidade se expressa na pessoa jurídica. Trata-se, nesse caso, de obrigações e autorizações mediatas de seres humanos, ou seja, mediadas pela ordem jurídica parcial.

c) Obrigação e Autorização Mediatas ou Imediatas de Seres Humanos Individuais

Essa divisão de funções entre a ordem jurídica total e a ordem jurídica parcial é possível através da distinção entre um elemento pessoal (subjetivo) e um elemento material (objetivo) do comportamento humano que constitui o conteúdo da norma jurídica e que, assim, constitui tanto o dever jurídico quanto a autorização: a distinção entre o sujeito da ação ou da omissão e a própria ação ou omissão, a distinção entre "quem" faz ou deixa de fazer algo e "o que" se faz ou se deixa de fazer. A norma completa determina ambos. Mas é possível que uma norma, e a obrigação ou a autorização dela decorrente, contenha apenas um desses dois elementos. Nesse caso, ela é incompleta e necessita da complementação de outra norma, que traz a determinação do elemento faltante. Normas que – como geralmente se diz – obrigam e autorizam uma pessoa jurídica a determinado comportamento são normas que determinam imediatamente apenas o elemento objetivo, ou seja, um fazer ou deixar de fazer, delegando, porém, a outra norma a determinação do elemento subjetivo, ou seja, a determinação do indivíduo que deve praticar a conduta normatizada. Afirmar que uma pessoa jurídica está obrigada ou autorizada não significa de modo algum afirmar que nenhum ser humano esteja obrigado ou autorizado, mas antes que seres humanos individuais estão obrigados e autorizados.

d) A Imputação Central

Deveres e direitos de uma pessoa jurídica são, de acordo com isso, sempre deveres e direitos de seres humanos individuais, pois são deveres e direitos dirigidos ao comportamento humano. O que ocorre é somente que esses seres humanos individuais não "têm" esses deveres e direitos do modo convencional, ou seja, individualmente, mas de um modo coletivo. Aquilo que se denomina patrimônio de uma pessoa jurídica é um patrimônio dos seres humanos que constituem a pessoa jurídica. Eles não podem, porém, dispor desse patrimônio como fazem com seu patrimônio individual, mas somente em conformidade com as determinações da ordem jurídica parcial, cuja unidade é representada pela pessoa jurídica. Quando a pessoa jurídica tem uma pretensão jurídica, isso significa uma pretensão jurídica coletiva de seus membros. O caráter coletivo do direito se exterioriza, dentre outras razões, pelo fato de ele ser exercido não por cada indivíduo, mas antes pelo órgão determinado pela ordem parcial. Determinado ser humano é órgão da comunidade jurídica somente porque e na medida em que seu ato é estatuído pela ordem parcial que constitui a comunidade jurídica, podendo, por isso, ser relacionado à unidade dessa ordem. Essa relação entre um pressuposto fático e a unidade da ordem denomina-se "imputação". Assim, a pessoa é um ponto de "imputação". Todos os atos da pessoa jurídica são atos de seres humanos que, quando se representa a unidade de uma ordem total ou parcial, são imputados ao sujeito fictício. Mas essa imputação central é uma operação completamente distinta da imputação periférica mencionada anteriormente. Na imputação periférica um pressuposto fático é relacionado não à unidade da ordem, mas, na verdade, dentro da ordem, a outro pressuposto fático, ou seja, conectam-se reciprocamente – dentro da proposição jurídica – dois pressupostos fáticos.

e) A Limitação da Responsabilidade

Se a pessoa jurídica, ou seja, o ser humano que atua como seu órgão, exerceu a sua pretensão jurídica, ou seja, a pretensão jurídica coletiva dos seres humanos que constituem a comunidade personificada na pessoa jurídica, então o valor patrimonial recuperado no processo de execução passa a fazer parte do patrimônio coletivo dos seres humanos que constituem essa comunidade parcial. Se, porém, a pessoa jurídica está obrigada a determinada prestação, isso significa então que, caso a prestação não seja realizada, a execução se dirige não ao patrimônio individual de seus membros, mas contra o seu patrimônio coletivo, que é, porém, também um patrimônio deles. Nessa limitação da execução ao patrimônio coletivo dos indivíduos que constituem a comunidade que funciona como pessoa jurídica, nessa denominada limitação de responsabilidade, reside uma característica especial da pessoa jurídica de direito privado. Mas isso não acontece com a pessoa jurídica de direito público ou, pelo menos, não acontece com ela de forma destacada, sobretudo no caso da pessoa jurídica do estado, que, como personificação de uma ordem jurídica total, abrange todas as ordens jurídicas parciais e, portanto, todas as pessoas físicas e jurídicas que são incorporadas a ela. Ela é, assim, o ponto final da imputação central.

f) O Significado Ideológico da Antinomia entre Indivíduo e Comunidade

Na medida em que a pessoa é reconhecida como personificação de um complexo de normas e, com isso, como uma parte mais ou menos arbitrariamente individualizada da ordem jurídica objetiva, os deveres e direitos de todos estatuídos por essa ordem, os deveres e direitos de todas as "pessoas", constituem uma unidade orgânica, ou seja, sistemática (o direito de um é sempre o dever do outro, ambos não podem ser isolados um do outro). Além disso, dissolve-se a antinomia aparente entre indivíduo e comunidade à qual se prende a filosofia social tradicional, quando afirma ser o indivíduo ao mesmo tempo o todo e a parte da comunidade. Do ponto de vista da ordem objetiva ou da comunidade por ela constituída não há, de modo algum, um indivíduo, ou seja, ele não pode, enquanto tal, ser apreendido por um conhecimento dirigido à ordem social. São abordados apenas seus atos que constituem o conteúdo da ordem, que são regulados pela ordem, o que pode ser expresso com as seguintes palavras: o indivíduo só existe, nessa abordagem, como parte integrante dependente da comunidade. O indivíduo como totalidade independente constitui tanto a ideologia da liberdade quanto a categoria jurídica específica da pessoa. Tanto esta quanto aquela têm a função de erguer uma muralha contra aspirações que não se coadunam com determinados interesses e que vão além da ordem social que constitui a comunidade. O indivíduo que se encontra em conflito supostamente indissolúvel com a comunidade é nada mais que uma ideologia que luta por determinados interesses contra sua limitação através de uma ordem coletiva.

26. O Caráter Universalista da Teoria Pura do Direito

Quando se despe os conceitos de direito subjetivo e sujeito de direito de qualquer função ideológica, quando se penetra de todas as formas no véu da personificação até se chegar à relação jurídica real, então as relações jurídicas só ocorrem entre seres humanos e entre pressupostos fáticos de comportamento humano que são conectados mutuamente através da norma jurídica, ou seja, como conteúdo da norma jurídica. Isso constitui a relação jurídica: a relação entre dois pressupostos fáticos, sendo que um consiste em um comportamento humano estatuído como dever jurídico e o outro consiste em um comportamento humano estatuído como autorização. Na medida em que a teoria pura do direito combate o direito subjetivo – em todas as suas formas de manifestação, a saber, autorização, dever jurídico, sujeito de direito – como uma entidade distinta do direito objetivo, na medida em que ela o apreende apenas como uma forma especial ou representação personificadora do direito objetivo, ela abole toda concepção subjetivista do direito a serviço da qual está o conceito de direito em sentido subjetivo. Trata-se da concepção do advogado, que considera o direito somente sob o ponto de vista do interesse das partes, ou seja, do ponto de vista daquilo que o direito significa para o indivíduo, que considera de que forma o indivíduo utiliza o direito, na medida em que ele serve ou viola seus interesses, ou seja, na medida em que o direito ameaça-o com um mal. Essa é a postura específica da jurisprudência romana que, em essência, emerge da prática de advogados que emitiam pareceres respondendo questões jurídicas, prática essa que foi, junto com o direito romano, recepcionada. A postura da teoria pura do direito é, ao contrário, completamente objetivista-universalista. Ela parte do direito como um todo e procura apreender todos os fenômenos individuais somente em uma conexão sistemática com todos os outros. Ela procura apreender, em cada parte do direito, a função do todo jurídico. Nesse sentido, ela é uma concepção verdadeiramente orgânica do direito. Mas, ao apreender o direito como organismo, a teoria pura do direito não quer dizer ser ele uma entidade supraindividual, supraempírica ou metafísica do tipo biológico ou psicológico – uma representação sob a qual se escondem frequentemente postulados ético-políticos – mas antes exclusivamente que o direito é uma ordem e que, com isso, todos os problemas jurídicos devem ser postos e devem ser resolvidos como problemas referentes a uma ordem normativa. Assim, a teoria do direito se transforma na análise estrutural mais exata possível do direito positivo, livre de qualquer juízo de valor ético-político.

V. A Ordem Jurídica e sua Estrutura Escalonada

27. A Ordem como Sistema de Normas

O direito como uma ordem, ou seja, a ordem jurídica, é um sistema de normas jurídicas. E a primeira pergunta que se deve aqui responder foi posta pela teoria pura do direito da seguinte forma: o que fundamenta a unidade de uma pluralidade de normas jurídicas? Por que determinada norma jurídica pertence a determinada ordem jurídica?

Uma pluralidade de normas constitui uma unidade, um sistema, uma ordem, quando sua validade pode ser reconduzida a uma única norma como fundamento último dessa validade. Essa norma fundamental constitui-se como a fonte comum da unidade na pluralidade de todas as normas que constituem uma ordem. E a pertinência de uma norma a determinada ordem ocorre somente quando sua validade pode ser reconduzida à norma fundamental que constitui essa ordem. De acordo com o tipo de norma fundamental, ou seja, de acordo com a natureza do princípio superior de validade, podem ser distinguidos dois tipos de ordens (sistemas de normas). As normas de um tipo de ordem "valem", ou seja, o comportamento humano determinado por esse tipo de ordem deve ser visto como devido, em virtude de seu conteúdo. Elas valem porque seu conteúdo tem uma qualidade imediatamente evidente, que lhes confere sua validade. E essas normas recebem essa qualificação material por serem reconduzíveis a uma norma fundamental sob cujo conteúdo o conteúdo dessas normas que constituem a ordem pode ser subsumido, como o especial sob o geral. As normas da moral constituem esse tipo de normas. Normas como *você não deve mentir*, *você não deve trair*, *você deve cumprir sua promessa*, dentre outras, são deduzidas de uma norma fundamental da veracidade. Da norma fundamental *deve-se amar os outros seres humanos* pode-se deduzir normas como *você não deve ferir os outros*, *você deve ajudar os outros em caso de necessidade*, dentre outras. Aqui não se analisará qual é a norma fundamental de determinado sistema moral. Trata-se, aqui, do conhecimento de que as várias normas de uma moral já estão contidas na norma fundamental dessa moral, como o especial já está contido no geral, e, assim, do conhecimento de que todas as normas morais especiais podem ser obtidas da norma fundamental geral através de uma operação mental, a saber, através de uma dedução que parte do geral para o especial. Nesse caso, a norma fundamental tem um caráter estático-material.

28. A Ordem Jurídica como Cadeia de Criação

Com as normas jurídicas é diferente. Elas não valem em virtude de seu conteúdo. Qualquer conteúdo pode ser direito; não há qualquer comportamento humano que, enquanto tal, em virtude de seu conteúdo, não pudesse se tornar conteúdo de uma norma jurídica. A validade da norma jurídica não pode ser questionada por seu conteúdo não corresponder a um valor material - por exemplo um valor da moral - de algum modo pressuposto. Uma norma vale como norma jurídica somente porque ela sempre surge de uma maneira bem determinada, porque ela é criada em conformidade com uma regra bem determinada, porque ela é posta de acordo com um método específico. O direito vale somente como direito positivo, ou seja, como direito posto. A positividade do direito consiste nessa necessidade de ser posto e, assim, na independência de sua validade da moral e de sistemas normativos correlatos. Nisso consiste a diferença essencial entre o direito positivo e o denominado direito natural, cujas normas, assim como as normas da moral, são deduzidas de uma norma fundamental que, em virtude de seu conteúdo como produto da vontade divina, da natureza ou da razão pura, é considerada imediatamente evidente. A norma fundamental do direito positivo é, ao contrário, nada mais que a regra fundamental segundo a qual as normas da ordem jurídica são criadas, o estabelecimento do pressuposto fático fundamental da criação jurídica. Ela é o ponto de partida de um procedimento, tendo um caráter completamente formal-dinâmico. As normas isoladas do sistema jurídico não podem ser deduzidas dessa norma fundamental. Elas precisam ser criadas através de um ato específico que as estabelece, um ato que não é um ato de pensamento, mas antes um ato de vontade. O estabelecimento de normas jurídicas acontece de formas variadas: através do costume ou no processo legislativo – quando que se trata de normas gerais –, e através dos atos jurisdicionais e negócios jurídicos – no caso de normas individuais. À criação do direito através do costume se contrapõem – como direito estatuído – todas as demais formas de criação do direito. Assim, o costume é um caso especial de estabelecimento do direito.

Quando se reconduz as diversas normas de um sistema jurídico a uma norma fundamental, evidencia-se que a criação da norma individual ocorre em correspondência com a norma fundamental. Quando, por exemplo, pergunta-se por que determinado ato de coação, o fato, por exemplo, de um homem suprimir a liberdade de outro ao colocá-lo na prisão, é um ato jurídico e por isso pertence a determinada ordem jurídica, surge então como resposta: porque esse ato foi prescrito por determinada norma individual, uma sentença judicial. Quando, além disso, pergunta-se por que essa norma individual é válida, ou seja, por que ela vale como parte integrante de uma ordem jurídica bem determinada, recebe-se como resposta: porque ela foi posta em conformidade com o código penal. E quando se pergunta sobre o fundamento de validade do código penal encontra-se a constituição do estado, cujas disposições guiaram a produção – por parte de um órgão competente para isso em um processo prescrito pela constituição – do código penal.

Quando porém se pergunta qual é o fundamento de validade da constituição, na qual se apoiam todas as leis e todos os atos jurídicos praticados com base nas leis, chega-se talvez a uma constituição mais antiga e, finalmente, a uma primeira constituição histórica, que foi decretada por um usurpador ou promulgada por um órgão colegiado, de algum modo criado. O pressuposto fundamental do qual parte todo conhecimento da ordem jurídica que se baseia nessa constituição consiste no fato de ter sido considerado como norma aquilo que o foi expresso através da vontade do primeiro órgão historicamente constituinte. A coação deve ser estabelecida sob as condições e na forma determinadas pelo primeiro legislador constituinte ou pela instância por ele delegada: essa é a formulação esquemática da norma fundamental de uma ordem jurídica (de uma ordem jurídica de um estado individual, que será, de agora em diante, aquela aqui abordada).

29. O Significado da Norma Fundamental

A teoria pura do direito trabalha com essa norma fundamental como um fundamento hipotético. Sob o pressuposto de que ela vale, vale também a ordem jurídica que nela se apoia. Ela confere ao ato do primeiro legislador e, assim, a todos os outros atos da ordem jurídica que nele se apoiam, o sentido de dever ser, aquele sentido específico através do qual, na proposição jurídica, a condição jurídica é conectada à consequência jurídica. E a proposição jurídica é a forma típica através da qual todo material jurídico-positivo deve ser representado. Na norma fundamental enraízam-se, em última instância, todos os pressupostos fáticos constitutivos da ordem jurídica. Somente mediante o pressuposto da norma fundamental pode o material empírico que se apresenta à interpretação jurídica ser interpretado como direito, ou seja, como um sistema de normas. O conteúdo específico da norma fundamental que funda uma ordem jurídica específica leva em consideração a natureza desse material, ou seja, os atos que devem ser interpretados como atos jurídicos. A norma fundamental é apenas a expressão do pressuposto necessário de toda compreensão positivista do material jurídico. Ela não é válida como norma jurídica positiva, pois ela não é criada através de um processo jurídico, ou seja, ela não é posta. Ela é válida antes – como condição de toda criação do direito, de todo processo jurídico-positivo – porque ela é pressuposta. Com a formulação da norma fundamental, não quer a teoria pura do direito de modo algum inaugurar um método essencialmente novo da jurisprudência. Ela quer apenas tornar consciente aquilo que todos os juristas – na maioria das vezes inconscientemente – fazem. Ao apreender seu objeto, eles rejeitam um direito natural do qual a validade do direito positivo poderia ser deduzida, mas compreendem esse direito positivo como uma ordem válida, não como meros fatos motivadores, mas antes como norma. Com a doutrina da norma fundamental, a teoria pura do direito procura apenas desvelar, através de uma análise do processo que de fato vem sendo aplicado já há muito tempo, a condição lógico-transcendental do método de conhecimento do direito positivo.

30. A Norma Fundamental das Ordens Jurídicas dos Estados Individuais

a) O Conteúdo da Norma Fundamental

O significado da norma fundamental torna-se especialmente claro não quando uma ordem jurídica é alterada de forma legal, mas sim quando ela é substituída, de forma revolucionária, por uma nova ordem. Isso ocorre porque a essência do direito e da comunidade por ele constituída se revela de forma mais nítida quando sua existência é ameaçada. Em um estado até então monárquico, um grupo de indivíduos procura, através de um golpe violento, estabelecer-se no lugar do governo legítimo, substituindo o governo monárquico por um governo republicano. Se eles conseguem obter êxito, ou seja, se a antiga ordem desaparece e a nova ordem se torna eficaz, na medida em que o comportamento fático dos seres humanos (para os quais a ordem pretende ser válida) corresponde – em grande medida – à nova ordem, então essa nova ordem funciona como ordem jurídica. Em outros termos, interpretam-se os atos praticados na implementação dessa ordem como atos jurídicos e os pressupostos fáticos que a violam como atos ilícitos. Pressupõe-se uma nova norma fundamental, não mais aquela que delega ao governo monárquico a autoridade de produzir direito, mas antes uma que delega o governo revolucionário como autoridade produtora de direito. Se essa tentativa não tivesse obtido êxito, por ter a nova ordem, posta pelos revolucionários, permanecido ineficaz, ou seja, se o comportamento fático dos destinatários das normas não tivesse correspondido a essa nova ordem, então – com base na ordem antiga, cuja validade pressupõe a norma fundamental que delega ao monarca a produção do direito – os atos praticados pelos revolucionários deveriam ser interpretados não como criação de uma constituição, mas antes como crime de alta traição; não como criação de direito, mas antes como violação do direito.

Pergunta-se em que consiste o conteúdo de uma norma fundamental que fundamenta determinada ordem jurídica. Uma análise do pressuposto último que evidencia os juízos jurídicos mostra que esse conteúdo consiste no pressuposto fático que cria aquela ordem, o pressuposto fático ao qual corresponde, até determinado grau, o comportamento fático dos seres humanos aos quais a ordem se dirige. Até determinado grau, pois uma correspondência completa e sem exceções não é necessária. Sim, deve existir até mesmo a possibilidade de discrepância entre a ordem normativa e o âmbito dos acontecimentos fáticos a ela associados, pois, sem essa possibilidade, uma ordem normativa não teria qualquer sentido. Não é necessário ordenar que algo aconteça quando se pode supor que algo deva necessariamente acontecer. Se fosse válido estabelecer uma ordem à qual correspondesse sempre e sob todas as condições o comportamento humano, deveria a norma fundamental – que de antemão legitimaria todo ser – rezar então: deve acontecer o que de fato acontece, ou, você deve fazer aquilo que você quiser. Uma tal ordem seria tão sem sentido como uma ordem à qual não correspondessem, em nenhuma medida, os acontecimentos a ela relacionados, uma ordem à qual os acontecimentos a ela relacionados fossem completamente contraditórios. Por isso, quando a realidade não corresponde mais, em certo grau, a uma ordem normativa, deve essa ordem normativa perder sua validade. A validade de uma ordem jurídica que regula o comportamento de determinados seres humanos encontra-se, com isso, em uma relação de dependência com o fato de que o comportamento real desses seres humanos corresponde a essa ordem jurídica, ou, como se diz, com a eficácia dessa ordem. Essa relação – que pode talvez ser designada figurativamente como a tensão entre dever ser e ser – só pode ser determinada através de um limite superior e um limite inferior. A possibilidade de correspondência não deve ultrapassar um determinado limite máximo superior e nem um determinado limite mínimo.

b) Validade e Eficácia da Ordem Jurídica (Direito e Poder)

O exame dessa relação de dependência pode facilmente induzir à identificação da validade da ordem jurídica com sua eficácia, ou seja, com o fato de o comportamento dos seres humanos, ao qual a ordem jurídica se relaciona, corresponder a ela em determinado grau. Essa reiterada tentativa de identificação, que parece ser recomendável pelo fato de facilitar consideravelmente as coisas em termos teóricos, tende inevitavelmente ao fracasso. Pois quando se afirma ser a validade, ou seja, a existência específica do direito, uma realidade de algum modo natural, torna-se impossível apreender o sentido próprio através do qual o direito se dirige à realidade e, exatamente por isso, coloca-se em oposição à realidade. Somente se a realidade não for idêntica à validade do direito pode a realidade corresponder ou se contrapor a essa validade. Portanto, assim como é impossível abstrair da realidade quando da determinação da validade, é também impossível identificar a validade com a realidade. Se, no lugar do conceito de realidade - como eficácia da ordem jurídica - for colocado o conceito de poder, o problema da relação entre validade e realidade da ordem jurídica coincide com o problema - muito mais conhecido - da relação entre direito e poder. E então a solução aqui intentada é apenas a formulação cientificamente exata da antiga verdade: o direito de fato não pode existir sem o poder, mas ele não é contudo idêntico ao poder. O direito é - no sentido da teoria aqui desenvolvida - uma determinada ordem (ou organização) de poder.

c) O Direito Internacional e a Norma Fundamental dos Estados Individuais

Com a máxima de que a validade da ordem jurídica teria como condição uma certa realidade, mais precisamente uma relação de correspondência, expressa-se somente o conteúdo de uma norma jurídica positiva do direito internacional, e não da ordem do estado individual. O direito internacional - como mais adiante será mostrado mais de perto - legitima um poder que se autoestabelece de fato, delegando assim a ordem de coação posta por esse poder, na medida em que ela se torna realmente eficaz. Esse princípio da efetividade, que é um princípio do direito internacional, funciona como norma fundamental das diversas ordens jurídicas dos estados individuais. A constituição posta pelo primeiro legislador histórico é válida somente sob o pressuposto de que à ordem desenvolvida em conformidade com suas disposições corresponde em geral, ou seja, de forma eficaz, a respectiva realidade. Também um governo que chega ao poder através de uma revolução ou através da criação de um império deve ser visto como um governo legítimo no sentido do direito internacional desde que ele seja capaz de obter obediência duradoura às normas por ele editadas. Porém, isso significa que uma ordem de coação imediatamente sob o direito internacional deve ser considerada legítima e vinculante - ou, em outras palavras, que a comunidade constituída através dessa ordem deve ser considerada como estado no sentido do direito internacional - em todos aqueles lugares em que essa ordem tenha sido eficazmente obedecida, ou, mais apropriadamente, em todos os lugares que correspondem em geral a essa ordem.

Se a norma que fundamenta as ordens jurídicas dos estados individuais for reconhecida como uma norma jurídica positiva - e esse é o caso quando se considera o direito internacional como uma ordem que está acima das ordens jurídicas dos estados individuais, autorizando-as -, pode-se então falar em uma norma fundamental - no sentido específico aqui desenvolvido, ou seja, uma norma que não é posta, mas apenas pressuposta - não mais como fundamento das ordens jurídicas dos estados individuais, mas antes como base do direito internacional. O princípio da efetividade, contido no direito internacional, pode valer apenas como norma fundamental relativa das ordens jurídicas dos estados individuais. Quando se parte do primado do direito internacional, o problema da norma fundamental se desloca, tornando-se o problema do fundamento último de validade de uma ordem jurídica total, que abrange todas as ordens jurídicas dos estados individuais. Isso será abordado mais adiante.

d) Validade e Eficácia da Norma Jurídica Isolada

Do fato de a validade de uma ordem jurídica, como um sistema de normas jurídicas de algum modo fechado, depender de sua eficácia, ou seja, depender da correspondência entre a realidade - que se relaciona, como conteúdo, à ordem jurídica como um todo - e essa ordem, não se segue que também a validade de uma norma jurídica isolada esteja também na mesma relação de dependência com sua eficácia. A validade de uma ordem jurídica como um todo não é afetada pelo fato de uma norma jurídica isolada desse sistema não possuir eficácia. Ela permanece válida, porque e na medida em que ela está dentro da cadeia de criação de uma ordem jurídica válida. A questão da validade de uma norma jurídica isolada é respondida dentro do sistema através do recurso à primeira constituição que fundamenta a validade de todas as normas. Se a constituição é válida, então as normas criadas em conformidade com essa constituição devem ser consideradas válidas. O princípio da efetividade, contido no direito internacional, relaciona-se, então, também imediatamente somente à primeira constituição da ordem jurídica do estado individual e, nessa medida, somente a essa ordem jurídica como um todo, e não a cada norma jurídica isolada dessa ordem. A possível independência entre a norma jurídica isolada e sua eficácia mostra a necessidade de se distinguir esses dois conceitos com clareza.

Mas, assim como o direito internacional, também a ordem jurídica dos estados individuais pode elevar – em alguma medida, dentro do âmbito de sua validade – o princípio da efetividade a princípio do direito positivo. Com isso, a validade de normas jurídicas isoladas passa a ser dependente de sua eficácia. Esse é o caso, por exemplo, quando a constituição (em sentido material) estabelece (ou autoriza), ao lado do direito estatuído, também o costume como fonte de direito, e, de acordo com isso, uma norma legislada é abolida em virtude do costume, ou seja, através de uma não-aplicação reiterada. Porém, isso constitui abolição de uma norma até então válida. A nova lei expedida "vale" mesmo antes de poder ser, de algum modo, eficaz. E enquanto não houver *desuetudo*, a não aplicação da lei constitui um pressuposto fático ilícito. Mesmo sob essas circunstâncias a validade não pode se identificar com a eficácia.

31. A Estrutura Escalonada da Ordem Jurídica

a) A Constituição

A consciência do direito positivo, que revela a função da norma fundamental, também ilumina, quando analisada, uma propriedade específica do direito: o direito regula sua própria criação, na medida em que uma norma jurídica regula o processo através do qual uma outra norma jurídica é criada e – em graus diferentes – também o conteúdo da norma a ser criada. Uma vez que, em virtude do caráter dinâmico do direito, uma norma vale porque e na medida em que tenha sido criada de determinada maneira, ou seja, através de uma maneira determinada por outra norma, essa outra norma representa o fundamento de validade daquela. A relação entre a norma que determina a criação de outra norma e a norma criada em conformidade com essa determinação pode ser representada na figura espacial da ordenação superior e inferior. A norma que determina a criação é a norma superior, a norma criada em conformidade com a determinação é a norma inferior. Assim, a ordem jurídica não é um sistema de normas coordenadas, que se encontram umas ao lado das outras, mas antes uma ordem escalonada com diferentes camadas de normas jurídicas. A unidade dessas normas é produzida pela cadeia que resulta do fato de a criação e, nessa medida, a validade de uma norma poder ser reconduzida a outra norma, cuja criação novamente é determinada por outra. Um regresso que leva finalmente à norma fundamental, à regra hipotética fundamental e, nessa medida, ao fundamento de validade mais elevado, que funda a unidade dessa cadeia de criação.

A estrutura escalonada da ordem jurídica – nesse momento pensa-se apenas na ordem jurídica do estado individual – pode ser representada esquematicamente da seguinte maneira: sob o pressuposto da norma fundamental – pressuposto cujo sentido já foi esclarecido anteriormente – o nível mais elevado em termos de direito positivo é representado pela constituição (constituição compreendida no sentido material), cuja função essencial consiste em regular os órgãos e o processo de criação geral do direito, ou seja, o processo legislativo. A constituição pode, porém, determinar também o conteúdo de futuras leis. As constituições positivas não raramente fazem isso através da prescrição ou exclusão de determinados conteúdos. No primeiro caso, trata-se apenas da promessa de que determinadas leis devem ser produzidas, pois, por motivos técnico-jurídicos, não é fácil conectar uma sanção satisfatória à não produção de leis que não contenham o conteúdo prescrito. Por outro lado, é possível evitar de forma mais eficaz, através da constituição, leis com determinado conteúdo. O catálogo de direitos fundamentais e direitos de liberdade, que constitui uma parte típica das constituições modernas, não é essencialmente nada além de uma tal determinação negativa. A garantia constitucional da igualdade diante da lei ou da liberdade da pessoa, da liberdade de consciência, dentre outras, constitui nada mais que a proibição de leis que tratem os súditos, em certas relações, de forma desigual ou que interfiram em determinada esfera da liberdade. Essas proibições podem se tornar tecnicamente eficazes através da responsabilização pessoal dos participantes dos órgãos envolvidos na produção da lei – por exemplo, no caso da produção de uma lei inconstitucional, o chefe de estado, o ministro – ou através da possibilidade de impugnação e anulação da lei inconstitucional. Isso ocorre sob o pressuposto de que a lei ordinária não tem o poder de derrogar a lei constitucional que determina sua criação e seu conteúdo, que só pode ser modificada ou abolida em condições mais rigorosas, como maioria qualificada, quórum ampliado, dentre outras. Isso significa que a constituição deve prescrever, para sua modificação ou abolição, um processo legislativo diferente, mais rigoroso que o processo legislativo habitual. Além da forma da lei, deve haver a forma da constituição.

b) A Legislação; o Conceito de Fonte do Direito

O próximo nível depois da constituição é o nível das normas gerais criadas através do processo legislativo, cuja função constitui determinar não só os órgãos e o processo das normas individuais, mas também o conteúdo dessas normas individuais, que geralmente devem ser postas pelas cortes de justiça e autoridades administrativas. Enquanto a ênfase da constituição consiste na regulação do processo de criação das leis e na determinação, apenas em medida muito menor, do conteúdo dessas leis, a função da legislação consiste na determinação, na mesma medida, tanto da criação quanto do conteúdo dos atos das cortes de justiça e da administração. O direito que se manifesta na forma de lei é tanto material quanto formal. Ao lado do código penal e do código civil encontram-se o código de processo penal e o código de processo civil, ao lado das leis administrativas encontram-se as leis sobre o processo administrativo. Assim, a relação entre constituição e legislação é essencialmente igual à relação entre lei e jurisdição ou administração. A diferença é apenas a relação entre determinação material e formal do nível inferior pelo nível superior. No primeiro caso, predomina o aspecto formal sobre o material; no segundo caso, há um equilíbrio.

O nível da criação geral do direito, regulado pela constituição, está frequentemente subdividido – na estrutura positiva das ordens dos estados individuais – em dois ou mais níveis adicionais. Seja enfatizada aqui apenas a distinção entre lei e decreto, que tem grande importância nos casos em que a constituição transfere a criação de normas jurídicas gerais fundamentalmente a um parlamento eleito pelo povo, mas admite a implementação mais detalhada das leis através de normas gerais que são produzidas por certos órgãos administrativos, ou nos casos excepcionais em que a constituição atribui poder ao governo para, no lugar do parlamento, produzir todas a normas gerais necessárias, ou parte delas. As normas gerais que emanam não do parlamento, mas antes de uma autoridade administrativa, são denominadas decretos. Esses decretos são decretos que regulamentam as leis ou decretos que substituem as leis. Os decretos que substituem as leis são também denominados decretos com força de lei. Assim, há uma forma específica de lei, na mesma medida em que há uma forma específica de constituição. Fala-se em lei em sentido formal, em contraste com lei em sentido material. A lei em sentido material designa todas as normas jurídicas gerais. A lei no sentido formal designa ou a norma jurídica geral na forma de lei – ou seja, a norma jurídica geral aprovada pelo parlamento e publicada de determinado modo conforme as determinações típicas da maioria das constituições – ou basicamente qualquer conteúdo que apareça na forma de lei. Assim, a designação "lei em sentido formal" é ambígua. Inequívoco é somente o conceito de forma de lei, na qual podem aparecer não apenas normas gerais, mas também outros conteúdos.

Para fins de simplificação, será considerado aqui apenas o caso da criação das normas constitucionais gerais e a criação, em conformidade com a constituição, de outras normas gerais, que são estatuídas, e não postas através do costume. O conceito de "fonte do direito" abrange, de forma geral, costume e legislação. Trata-se de uma expressão figurada e, por isso, ambígua. Ela pode significar não só esses dois métodos diversos entre si – a criação intencional de normas gerais, realizada por órgãos centrais, e a autocriação inconsciente de normas gerais, descentralizada, realizada por parte daqueles que utilizam o direito –, mas também o fundamento último de validade da ordem jurídica, significando, assim, aquilo que aqui se denomina norma fundamental. Mas, em um sentido mais amplo, "fonte do direito" significa absolutamente toda norma jurídica, ou seja, não só a norma geral, mas também a norma individual, na medida em que do direito objetivo decorre o direito em sentido subjetivo, na medida em que da norma individual também decorre um dever jurídico ou uma autorização. Assim, uma sentença judicial constitui a fonte da obrigação especial de um e a correspondente autorização a outrem. Essa ambiguidade do termo "fonte do direito" parece torná-lo juridicamente inútil. Recomenda-se, no lugar da linguagem figurada, apresentar a determinação clara e direta do problema cuja solução se busca. Aqui se trata da norma geral como "fonte" da norma individual.

c) A Jurisdição

A norma geral que conecta a um pressuposto fático abstrato uma consequência igualmente abstrata requer, para obter um significado, individualização. Deve ser determinado se ocorre, *in concreto*, um pressuposto fático determinado em abstrato pela norma geral, devendo ser estabelecido – para esse caso concreto – um ato de coação concreto, que igualmente foi prescrito em abstrato pela norma geral; ou seja, primeiramente o ato de coação deve ser ordenado e depois realizado. Isso é realizado pela sentença judicial, ou seja, pela função da denominada jurisdição ou poder judiciário. Essa função não tem caráter meramente declaratório - como sugere a terminologia, as expressões "juris-*dicção*" e "*descoberta* do direito". Ao contrário do que a teoria ocasionalmente supõe, o direito contido na lei, ou seja, na norma geral, não é um direito pronto, que deve, no ato da justiça, ser apenas declarado ou encontrado. A função da denominada jurisdição é antes completamente constitutiva, sendo criação jurídica no sentido próprio do termo. Pois, na verdade, dever um pressuposto fático concreto ser ligado a uma consequência jurídica específica e ser ele de fato ligado a essa consequência jurídica concreta constitui uma relação que é primeiramente determinada pela sentença judicial. Do mesmo modo que, no âmbito geral, dois pressupostos fáticos são conectados através da lei, eles precisam, no âmbito individual, ser conectados primeiramente pela sentença judicial. Por isso, a própria sentença judicial é uma norma jurídica individual, a individualização ou concretização da norma jurídica geral ou abstrata, a continuação do processo de criação do direito, da norma geral à norma individual. Somente o preconceito de que todo direito está contido na norma geral, somente a errônea identificação do direito com a lei, poderia obscurecer essa concepção.

d) Justiça e Administração

Assim como a jurisdição, também a administração se mostra como individualização e concretização de leis. Na verdade, grande parte daquilo que habitualmente se designa como administração pública não se distingue funcionalmente, de modo algum, daquilo que se denomina jurisdição ou justiça, na medida em que, através do aparato administrativo, persegue-se tecnicamente a mesma finalidade pública que se persegue através das cortes de justiça: que aquilo que é socialmente desejado, ou seja, que aquilo que é considerado - pelo legislador - como desejado, seja induzido através de uma reação àquilo que é oposto ao desejado, reação essa que é um ato de coação a ser estabelecido pelos órgãos estatais. Em outras palavras, que os súditos sejam obrigados juridicamente ao comportamento desejado. Não há uma diferença essencial entre o fato de se proteger a honra dos seres humanos através da punição, pela justiça, daquele que a viola, e o fato de a segurança no trânsito ser garantida através de punição, por autoridades administrativas, do condutor que trafega em velocidade muito alta. Quando se fala, no primeiro caso, em justiça e, no segundo caso, em administração, isso significa haver uma diferença apenas na posição organizatória do juiz – o que pode ser explicado de forma meramente histórica –, ou seja, sua independência, que quase sempre (mas não sempre) está ausente nos órgãos administrativos. A coincidência essencial consiste, porém, no fato de a finalidade pública se realizar, em ambos os casos, de forma mediata. Uma distinção funcional entre justiça e administração existe somente quando a finalidade pública é realizada pelos órgãos estatais de forma imediata, quando o órgão estatal juridicamente obrigado produz diretamente o estado social desejado, quando, como se diz, o próprio estado (ou seja, seu órgão), dentre outras coisas, constrói ou opera escolas e ferrovias ou trata doentes em hospitais. Essa administração direta é de fato essencialmente distinta da jurisdição, porque a justiça, de acordo com sua essência, constitui a busca mediata de finalidades públicas e, com isso, é essencialmente semelhante à administração indireta. Para que administração e a justiça constituam duas funções distintas, a justiça deve ser contraposta à administração como administração direta. Hoje em dia se emprega de modo geral uma organização do aparato jurídico – surgida historicamente – que, deixando de lado o legislativo, divide o aparato jurídico em dois grupos de autoridades públicas relativamente isoladas umas das outras, que desempenham em grande parte funções do mesmo tipo. Contudo, a determinação dessa organização deve ser feita de modo diferente para que uma correta sistematização conceitual das funções jurídicas seja alcançada. A concepção correta sobre a natureza dessas funções, a substituição da distinção entre justiça e administração pela distinção entre administração indireta e direta, deveria ter repercussão na organização do aparato jurídico.

e) Negócio Jurídico e Ato de Execução

A individualização e concretização das normas gerais não ocorre, em determinadas áreas do direito, como, por exemplo, no direito civil, imediatamente através de um ato de órgãos públicos estatais, como é o caso da sentença judicial. No caso das normas de direito civil aplicáveis pela justiça, entre a lei e a sentença judicial entra o negócio jurídico, que, no que diz respeito ao pressuposto fático condicionante, desempenha uma função de individualização. Mediante delegação legal as partes estabelecem normas concretas para suas condutas recíprocas, normas que estatuem uma conduta oposta, cuja violação constitui o pressuposto fático a ser determinado pela sentença judicial. Ao pressuposto fático contido nessa sentença judicial é ligada a execução como consequência do ilícito.

Esse processo de criação do direito, que começa com a produção da constituição, tem a realização do ato de coação como consequência do ilícito como sua última fase.

f) A Relatividade da Oposição entre Criação e Aplicação do Direito

A análise da estrutura escalonada da ordem jurídica mostra que a oposição – tão importante para a doutrina jurídica tradicional – entre, por um lado, criação ou produção do direito e, por outro lado, implementação ou aplicação do direito, não tem aquele caráter completamente absoluto que a doutrina tradicional lhe atribui. A maioria dos atos jurídicos são, ao mesmo tempo, atos de criação e implementação do direito. Com ambos esses atos jurídicos implementa-se uma norma de um nível superior, criando-se uma norma de um nível inferior. Assim, a produção da primeira constituição – ou seja, um ato superior de criação jurídica – representa a implementação da norma fundamental; a legislação – ou seja, a criação de normas gerais – representa a implementação da constituição; decisões judiciais e atos administrativos, através dos quais são postas normas individuais, representam implementação da lei; e a realização de atos de coação representa a implementação de ordens administrativas e sentenças judiciais. O ato de coação tem, contudo, o caráter de pura implementação, do mesmo modo que pressu*por* a norma fundamental tem o caráter de pura produção de norma. Porém, tudo que se encontra entre esses dois casos-limites é, ao mesmo tempo, estabelecimento e implementação de direito. Esse é o caso especialmente também do negócio jurídico, que não deve ser considerado - como faz a doutrina tradicional - como ato de aplicação da legislação em oposição ao ato de produção do direito. Pois a legislação é, exatamente como o negócio jurídico, ao mesmo tempo produção e aplicação do direito.

g) A Posição do Direito Internacional na Estrutura Escalonada

Quando se assume não haver apenas uma única ordem jurídica estatal individual, mas antes serem válidas várias ordens jurídicas estatais individuais coordenadas e, assim, limitadas juridicamente em seus âmbitos de validade umas em relação às outras, e quando se reconhece - como ainda se mostrará adiante - que é o direito internacional que realiza essa coordenação das ordens jurídicas estatais individuais e a limitação recíproca de seus âmbitos de validade, então deve-se apreender o direito internacional como uma ordem que se coloca acima das ordens jurídicas estatais, como uma ordem que as unifica em uma comunidade jurídica universal. Assim, garante-se cognitivamente a unidade de todo o direito em um sistema escalonado de níveis jurídicos sucessivos.

h) O Conflito entre Normas de Níveis Diferentes

A unidade da estrutura escalonada da ordem jurídica parece ser posta em dúvida assim que uma norma de um nível inferior não corresponde à norma do nível superior que a determina, seja em sua criação ou em seu conteúdo, ou seja, assim que uma norma vai de encontro à determinação que constitui a relação de superioridade e inferioridade entre normas. Aqui se apresenta o problema de uma norma contrária a outra norma: a lei inconstitucional, o decreto ilegal, a sentença judicial ou ato administrativo contrário à lei ou ao decreto. Deve-se perguntar, então, como é possível se manter a unidade da ordem jurídica como um sistema de normas logicamente fechado quando entre duas normas de níveis diferentes existe uma contradição lógica, quando são válidas tanto a constituição quanto a lei que a viola, quando são válidas tanto a lei quanto a sentença judicial que a contradiz. Não se pode duvidar que, de acordo com o direito positivo, isso de fato acontece. Exatamente na medida em que toma diversas medidas para evitar ou limitar esses conflitos, o direito positivo aceita o direito contrário ao direito e confirma sua existência. Mas ao fazer isso, ao considerar – por um motivo qualquer – que uma norma (mesmo que indesejada) é válida como direito, o direito positivo retira dessa norma o caráter próprio de contrariedade ao direito. E, de fato, se o fenômeno denominado norma contrária a outra norma – dentre outras, a lei inconstitucional, a sentença judicial ilegal – significasse realmente uma contradição lógica entre uma norma de um nível superior e uma norma de um nível inferior, então estaria arruinada a unidade da ordem jurídica. Mas esse não é, de modo algum, o caso.

Se é possível, por exemplo, uma lei inconstitucional, ou seja, uma lei válida que – em virtude de seu modo de produção ou em virtude de seu conteúdo – contradiz as determinações da constituição válida, esse fato só pode significar que a constituição pretende a validade não só da lei constitucional, mas também – em um certo sentido – a validade da lei "inconstitucional". Se não fosse assim, não se poderia falar em uma "validade" da lei inconstitucional. O fato de a constituição aceitar também a validade da denominada lei inconstitucional decorre do fato de ela não só prescrever que a lei seja criada de uma forma determinada e tenha ou não determinado conteúdo, mas também do fato de que quando uma lei é criada de uma maneira diversa daquela prevista ou quando uma lei tem um conteúdo diverso daquele prescrito, ela não deve ser considerada nula, devendo antes ser considerada válida, até que ela seja anulada por uma instância determinada para isso – por exemplo uma corte constitucional, em um processo regulado pela constituição. O fato de a constituição ocasionalmente prescrever expressamente um mínimo, por exemplo a publicação em um diário oficial, possui certa importância. Diante dessa publicação, até mesmo as cortes de justiça devem aplicar – como norma válida – até que ela seja anulada, a norma que foi produzida como lei. Mais importante é o fato de a maior parte das constituições não prescrever a abolição de leis inconstitucionais, contentando-se – quando da produção da lei inconstitucional – com a responsabilização pessoal de certos órgãos, por exemplo o chefe de estado ou ministro, sem que isso, porém, afete a validade da lei inconstitucional. Assim, aquilo que se denomina "inconstitucionalidade" da lei não é, de modo algum, uma contradição lógica que existe entre o conteúdo de uma lei e o conteúdo da constituição, mas antes uma condição estatuída pela constituição para o início do processo que leva ou à abolição da lei – que é considerada válida e desse modo também constitucional – ou à punição de determinado órgão. As prescrições da constituição que dizem respeito à criação e ao conteúdo das leis só podem ser compreendidas em uma conexão essencial com aquelas prescrições da constituição que tratam da "violação" à constituição, ou seja, que tratam das normas que são produzidas de um modo diferente daquele prescrito pelas normas constitucionais ou que têm um conteúdo diverso daquele prescrito pela constituição. Analisadas a partir desse ponto de vista, esses dois tipos de prescrições constituem uma unidade. As determinações da constituição que dizem respeito ao processo legislativo apresentam, portanto, o caráter de determinações alternativas, embora não se confira a ambos elementos da alternativa o mesmo valor. A diferenciação ocorre no sentido de uma desqualificação da segunda alternativa em relação à primeira. E essa desqualificação se expressa através do fato de uma lei correspondente não à primeira alternativa, mas antes à segunda, ser declarada, pela constituição – em virtude dessa correspondência – como anulável, ou de um órgão ser declarado – em virtude dessa lei – punível.

A norma "contrária à norma" poder ser abolida ou um órgão dever ser punido por causa de uma tal norma decorre daquilo que pode ser denominado antes "caráter defeituoso" ou "imperfeição" da norma, e não "conflito entre normas" ("inconstitucionalidade", "ilegalidade").

Completamente análogos são os casos do denominado decreto ilegal e da sentença judicial ou do ato administrativo contrário à lei. Exceto no caso da nulidade absoluta, em que há apenas a aparência de uma norma jurídica mas não há – juridicamente –, de modo algum, uma tal norma, através da sentença judicial ou do ato administrativo contrário à lei cria-se uma norma individual que – no sentido da lei – deve ser considerada válida e por isso legal enquanto não tiver sido anulada através do processo previsto em lei, com base na alegada ilegalidade. A lei contém não apenas a prescrição de que a sentença judicial e o ato administrativo sejam criados de determinada maneira e tenham determinado conteúdo, mas também, simultaneamente, a prescrição de que uma norma individual criada de outra maneira ou que uma norma que tenha outro conteúdo deva valer até que seja abolida – em virtude de sua contradição com a primeira prescrição – em um determinado processo. Se o processo se exaure, ou se não há previsão para um tal tipo de processo, a norma do nível inferior "transita em julgado" em decorrência da norma do nível superior. Mas isso significa que a norma do nível inferior permanece válida em virtude do princípio da coisa julgada, estatuído pela própria norma do nível superior, mesmo considerando que seu conteúdo vai de encontro ao conteúdo da norma do nível superior. O sentido da norma de nível superior que determina a criação e o conteúdo de uma norma de nível inferior não pode ser apreendido sem uma outra determinação dessa norma de nível superior em relação à violação de sua primeira determinação. Portanto, a determinação da norma inferior pela norma superior tem – também na relação entre lei geral e ato administrativo ou judicial individual – o caráter de uma prescrição alternativa. Se a norma individual corresponde à primeira das duas alternativas, então ela é completa; se ela corresponde à segunda alternativa, então ela é deficiente, ou seja, ela pode, a título dessa sua deficiência, ser abolida.

Não há uma terceira possibilidade, pois uma norma que não pode ser abolida pode ser somente uma norma definitivamente válida ou inválida, e uma norma inválida não pode ser de modo algum uma norma, mas antes apenas parecer ser uma norma. Em virtude do caráter alternativo da norma superior que determina a norma inferior, exclui-se uma contradição lógica real entre a norma inferior e a norma superior, pois uma contradição com a primeira das duas prescrições alternativas em que a norma completa do nível superior se divide não constitui uma contradição com a norma completa estruturada alternativamente. Além disso, a contradição entre a norma de nível inferior e a primeira das duas prescrições alternativas da norma de nível superior só surge quando averiguada pela instância competente que verifica – através do procedimento prescrito – a norma inferior. Toda outra opinião sobre uma contradição supostamente existente é juridicamente irrelevante. Na esfera jurídica, a "contradição" emerge no momento em que a norma contraditória é abolida. A denominada "contrariedade normativa" por parte de uma norma que, em virtude de qualquer razão, deve ser pressuposta como válida, é, assim, na verdade – deixando-se de lado a responsabilização do órgão, que não afeta de modo algum essa norma – nada mais que a possibilidade de ela ser – por diversos motivos – abolida, ou seja, sua anulabilidade por meio de outro ato jurídico. Essa contrariedade normativa por parte dessa norma é, em outros termos, sua nulidade, ou seja, sua negação, pelo conhecimento jurídico, como norma válida, a dissolução da aparência de norma jurídica válida. A "norma contrária a outra norma" é ou apenas anulável, ou seja, uma norma válida até sua anulação e, por isso, uma norma que está em conformidade com outras normas, ou é nula, não sendo, nesse caso, uma norma. O conhecimento normativo não tolera uma contradição entre duas normas de um mesmo sistema. Por outro lado, o possível conflito entre duas normas válidas de níveis diferentes é solucionado pelo próprio direito. A unidade na estrutura escalonada da ordem jurídica não é posta em risco por uma contradição lógica.

VI. A Interpretação

32. Razão e Objeto da Interpretação

Da análise da estrutura escalonada da ordem jurídica resultam significativas consequências para o problema da interpretação. A interpretação é um processo mental que acompanha o processo de criação do direito, em seu percurso do nível superior ao nível inferior, que é determinado pelo nível superior. No caso padrão da interpretação da lei deve-se responder à pergunta sobre como se pode obter, a partir da interpretação da norma geral da lei a um pressuposto fático concreto, a correspondente norma individual de uma sentença judicial ou de um ato administrativo. Contudo, há também uma interpretação da constituição, na medida em que a constituição se aplica ao processo legislativo e à edição de decretos de emergência ou de outros atos especiais decorrentes imediatamente da constituição, ou seja, na medida em que a constituição deve ser implementada em um nível inferior. E do mesmo modo há interpretação de normas individuais, sentenças judiciais, ordens administrativas, negócios jurídicos etc., em síntese de todas as normas, na medida em que elas devem ser implementadas, ou seja, na medida em que o processo de criação e implementação do direito passa de um nível para o nível seguinte.

33. Indeterminação Relativa da Norma do Nível Jurídico Inferior em Relação à Norma do Nível Jurídico Superior

A relação entre um nível superior e um nível inferior da ordem jurídica, como a relação entre a constituição e a lei ou entre a lei e a sentença judicial, é uma relação de determinação ou vinculação: a norma do nível superior regula – como já evidenciado – o ato através do qual a norma do nível inferior é criada (ou o ato de execução, quando se trata apenas de execução). Ela determina não só o processo de criação da norma inferior, mas também, eventualmente, o conteúdo da norma a ser criada.

Essa determinação nunca é, porém, completa. A norma do nível superior não consegue vincular em todos os aspectos o ato através do qual ela será implementada. Sempre deve permanecer uma margem de discricionariedade, ora maior, ora menor, de modo que a norma do nível superior sempre possui, em relação ao ato de criação ou execução que a aplica, o caráter de uma moldura a ser preenchida por esse ato. Até mesmo um comando extremamente detalhado deve deixar àquele que o implementa várias determinações. Quando o órgão A ordena que o órgão B deve prender o súdito C, o órgão B deve decidir com alguma discricionariedade quando, onde e como a ordem de prisão será efetivada. Essas decisões dependem de fatores externos que o órgão que emite a ordem não previu e, em grande medida, não pode prever.

34. Indeterminação Intencional do Nível Inferior

Disso resulta que todo ato jurídico no qual se aplica uma norma, seja ele um ato de criação do direito ou um ato de pura execução, é determinado por essa norma apenas em parte, sendo, portanto, em parte indeterminado. A indeterminação pode se relacionar tanto ao pressuposto fático condicionante quanto à consequência condicionada, ou seja, tanto ao *como* quanto ao *quê* do ato a ser praticado. A indeterminação pode ser intencional, ou seja, pode decorrer da intenção por parte do órgão que produz a norma superior. Assim, a produção de uma mera norma geral sempre ocorre – de acordo com sua essência – sob o pressuposto de que a norma individual editada no processo de sua implementação continua o processo de determinação que constitui o sentido da sucessão de níveis de normas jurídicas. O mesmo ocorre no caso da delegação. Uma lei sanitária determina que, no caso da ocorrência de uma epidemia, os moradores de uma cidade devem tomar determinadas precauções para evitar a propagação da doença, sob pena de uma punição específica. Atribui-se à autoridade administrativa o poder de determinar, de diversos modos, as precauções a serem tomadas, de acordo com as diversas doenças. A lei penal prevê para o caso de determinado delito uma pena pecuniária ou restritiva de liberdade e deixa que o juiz decida, no caso concreto, por uma ou por outra, e ainda sobre sua medida, embora, no que diz respeito a essa determinação da medida, possa ser estatuído, na lei, um limite inferior e um limite superior.

35. Indeterminação Não-Intencional do Nível Inferior

A indeterminação do ato jurídico pode ser somente a consequência não-intencional da característica de toda norma jurídica que deve ser executada pelo ato em questão. Aqui aparece, principalmente, a ambiguidade de sentidos de uma palavra ou de uma sequência de palavras com que a norma se expressa: o sentido linguístico da norma não é unívoco. Aquele que deve implementar a norma está diante de vários significados possíveis. A mesma situação ocorre quando aquele que implementa a norma acredita poder assumir que existe uma discrepância entre a expressão linguística da norma e a vontade (a ser expressada pela norma) da autoridade que a estabelece, podendo, contudo, permanecer completamente aberto como essa vontade pode ser descoberta. Nos casos em que não se pode pressupor que a expressão linguística da norma corresponde à vontade daquele que a estabelece, deve-se, de qualquer maneira, considerar ser possível investigar essa vontade em outras fontes diversas da expressão linguística da própria norma. O fato de a denominada vontade do legislador ou a intenção das partes que celebram um negócio jurídico não corresponder às palavras que constam da lei ou do negócio jurídico é uma possibilidade em geral amplamente reconhecida pela jurisprudência tradicional. A discrepância entre vontade e expressão pode ser integral, mas pode também ser parcial, o que ocorre quando a vontade do legislador ou a intenção das partes corresponde pelo menos a um dos vários significados aos quais a expressão linguística da norma conduz. A indeterminação de um ato jurídico a ser posto com base em uma norma pode, por fim, ser também a consequência do fato de duas normas que pretendem ser simultaneamente válidas - por estarem, por exemplo, na mesma lei - contradizerem-se total ou parcialmente (a questão sobre como a unidade da ordem jurídica pode ser mantida diante de um conflito entre uma norma de um nível superior e uma norma de um nível inferior, ou seja, o problema de conflitos entre normas, já foi abordada em um contexto anterior).

36. A Norma como Moldura Dentro da Qual Há Várias Possibilidades de Implementação

Em todos esses casos de indeterminação intencional ou não-intencional do nível inferior apresentam-se várias possibilidades de implementação. O ato jurídico que implementa uma norma pode ser concebido como um ou outro dentre os diversos significados linguísticos possíveis da norma jurídica. Ele pode ser concebido de modo que corresponda à vontade - a ser descoberta de algum modo - daquele que estabelece a norma ou à expressão por ele escolhida. Ele pode ser concebido de modo que corresponda a uma ou a outra dentre duas normas contraditórias e ainda de modo que se decida que ambas as normas que se contradizem devem ser abolidas. A norma a ser implementada constitui, em todos esses casos, apenas uma moldura, dentro da qual são dadas várias possibilidades de implementação, sendo que todo ato que se mantém dentro dessa moldura, todo ato que se encaixa na moldura em algum sentido possível, está em conformidade com a norma.

Se a interpretação é compreendida como a identificação do sentido da norma a ser implementada, o resultado dessa atividade só pode ser a determinação da moldura que a norma a ser interpretada representa, e, assim, o conhecimento das várias possibilidades que são dadas dentro dessa moldura. A interpretação de uma lei não deve então necessariamente conduzir a uma decisão como a única correta, mas antes a várias decisões, todas possuindo – na medida em que são avaliadas de acordo com a norma a ser aplicada – o mesmo valor, embora apenas uma delas se torne, através do ato da sentença judicial, direito positivo. O fato de uma sentença judicial se fundamentar na lei não significa, na verdade, nada mais que o fato de ela permanecer dentro da moldura que a lei representa; não significa que a sentença judicial é *a* norma individual, mas antes que ela é *uma* dentre as normas individuais que são possíveis dentro da moldura da norma geral.

A jurisprudência tradicional acredita, porém, poder esperar da interpretação não apenas a determinação da moldura para o ato jurídico a ser produzido, mas também ainda a realização de uma outra tarefa. E ela se inclina até mesmo a ver na realização dessa tarefa a principal função da interpretação. A interpretação deve desenvolver um método que possibilite preencher corretamente a moldura estabelecida. A teoria usual da interpretação quer fazer crer que a lei interpretada no caso concreto pode fornecer sempre apenas uma decisão correta e que a "correção" jurídico-positiva dessa decisão se fundamenta na própria lei. Essa teoria apresenta o processo dessa interpretação como se ele constituísse um ato intelectual de esclarecer ou compreender, como se o intérprete tivesse que usar somente sua compreensão, não sua vontade, e como se ele pudesse encontrar, através de uma atividade de compreensão, dentre as possibilidades disponíveis, uma que correspondesse ao direito positivo, uma que fosse correta no sentido do direito positivo.

37. Os Denominados Métodos de Interpretação

Contudo, a partir de um ponto de vista orientado ao direito positivo, não há um critério com base no qual se pudesse dar preferência a uma dentre as possibilidades dadas dentro da moldura da norma a ser aplicada. Quando se pressupõe haver vários significados possíveis, ou seja, vários significados em conexão com todas as outras normas da lei ou da ordem jurídica, não há absolutamente qualquer método caracterizável como jurídico-positivo que pudesse, dentre os vários significados linguísticos de uma norma, designar somente um como "correto". Apesar de todo esforço da jurisprudência tradicional, até agora não se conseguiu decidir – de uma forma objetivamente válida – o conflito entre vontade e expressão em favor de uma ou de outra. Todos os métodos de interpretação desenvolvidos até o momento conduzem sempre a um resultado somente possível, nunca a um único resultado correto. Apegar-se à vontade presumida do legislador, negligenciando assim o sentido literal, ou observar estritamente o sentido literal e com isso não se preocupar com a vontade do legislador – que na maioria das vezes é problemática – são, do ponto de vista do direito positivo, duas opções de igual valor. Quando se trata do caso de uma contradição entre duas normas simultaneamente válidas, as três possibilidades lógicas de implementação anteriormente mencionadas se equivalem. Querer fundamentar "juridicamente" uma em detrimento da outra constitui um esforço vão. Que os usuais meios de interpretação do argumento *a contrario* e da analogia são completamente sem valor decorre do fato de ambos levarem a resultados opostos, não havendo critério para determinar quando um ou outro deve ser aplicado. Também a máxima da denominada ponderação de interesses é apenas uma formulação do problema, mas não uma solução. Ela não oferece um padrão objetivo para se comparar interesses opostos e, portanto, para se decidir um conflito de interesses. Ao contrário do que sugere a denominada doutrina da ponderação de interesses, esse padrão não pode ser extraído especialmente da norma a ser interpretada ou da lei que a contém, nem da ordem jurídica como um todo. Pois a necessidade de uma "interpretação" decorre exatamente do fato de a norma a ser aplicada (ou o sistema de normas) deixar várias possibilidades abertas, o que contudo significa que ela não contém ainda uma decisão sobre qual dos interesses em jogo possui maior valor. Essa decisão, essa determinação da classificação dos interesses, é antes deixada ao ato de criação da norma – por exemplo a sentença judicial.

38. A Interpretação como Ato de Conhecimento ou Ato de Vontade

A concepção subjacente à teoria tradicional da interpretação, de que a determinação do ato a ser posto – não fornecida pela norma superior a ser aplicada – poderia ser obtida através de alguma forma de conhecimento jurídico já existente é contraditória, pois constitui uma ilusão que viola o pressuposto de que a interpretação é possível. A pergunta sobre qual das possibilidades dadas na moldura de uma norma é a "correta" não é – de acordo com esse pressuposto de que a interpretação é possível – uma pergunta do conhecimento orientado ao direito positivo, mas antes um problema jurídico-político. A tarefa de se obter da lei a sentença judicial correta ou o ato administrativo correto é essencialmente igual à tarefa de se criar, no contexto da constituição, as leis corretas. Do mesmo modo que não se pode obter, através de interpretação da constituição, leis corretas, também não se pode obter, através de interpretação da lei, decisões judiciais corretas. Certamente há uma diferença entre esses dois casos, mas ela é quantitativa e não qualitativa, e consiste somente no fato de a vinculação do legislador ser, em sentido material, muito menor que a vinculação do juiz. O legislador é muito mais livre que o juiz na produção do direito. Mas o juiz também produz direito e também é, nessa função, relativamente livre. Exatamente por isso a obtenção da norma individual no processo de implementação da lei é uma função da vontade, na medida em que com isso a moldura da norma geral é preenchida. Os comentários "científicos" que devem apoiar a atividade da implementação das leis possuem um caráter completamente jurídico-político. Eles são sugestões a serem comparadas pelo legislador, são tentativas de influenciar a função produtora de direito das cortes de justiça e das autoridades administrativas. Na aplicação da lei, pode-se perceber ainda uma atividade de conhecimento além da necessária determinação da moldura dentro da qual o ato a ser posto deve permanecer. Esse conhecimento não é um conhecimento do direito positivo, mas antes de outras normas que podem fluir no processo de criação do direito: normas da moral, da justiça, juízos sociais de valor, que habitualmente são denominados com chavões como *bem-estar do povo*, *interesse público*, *progresso*, dentre outros. Do ponto de vista do direito positivo, nada pode ser afirmado sobre a validade e a possibilidade de se identificar essas normas. A partir disso, determinações desse tipo podem ser apenas negativamente caracterizadas: elas são determinações que não decorrem do direito positivo. Em relação ao direito positivo, o estabelecimento do ato jurídico é livre, ou seja, é deixado à discricionariedade da instância chamada a estabelecer o ato. Quando o próprio direito positivo autoriza o uso de normas metajurídicas, como, dentre outras, a moral e a justiça, elas são convertidas em normas jurídico-positivas.

39. A Ilusão da Segurança Jurídica

A concepção de que a interpretação seria um conhecimento do direito positivo e, enquanto tal, seria um processo para se obter, a partir de normas já válidas, novas normas, constitui a base da denominada jurisprudência dos conceitos, que também é rejeitada pela teoria pura do direito. A teoria pura do direito também destrói a opinião de que normas podem ser criadas através do conhecimento, uma opinião que surge do desejo de pressupor o direito como uma ordem fixa que determina de todas as maneiras o comportamento humano, especialmente a atividade dos órgãos que aplicam o direito, sobretudo as cortes de justiça, de modo que sua função e com isso também a interpretação devem ser vistas somente como a atividade de encontrar normas preexistentes que por isso só podem ser descobertas em um processo especial. Trata-se da ilusão da segurança jurídica, que a teoria do direito tradicional – consciente ou inconscientemente – aspira manter.

40. O Problema das Lacunas

À interpretação é atribuído um papel especial no preenchimento das lacunas. Contudo, não existem verdadeiras lacunas no sentido de que uma disputa jurídica não pode ser decidida porque a lei, como se diz, em virtude da falta de uma prescrição referente ao caso, não pode ser aplicada. Toda disputa jurídica consiste no fato de cada parte levantar uma pretensão diante da outra. E a decisão que concede ou rejeita essa pretensão depende do fato de a lei, uma norma válida aplicável ao caso concreto, estatuir ou não o dever jurídico afirmado. Como não há uma terceira possibilidade, sempre é possível uma decisão com base na lei, ou seja, aplicando-se a lei. Também no caso da decisão que rejeita a pretensão aplica-se a ordem jurídica válida. Pois ela obriga os seres humanos a um comportamento bem determinado, garantindo a eles, além desses deveres, a liberdade. Diante daquele que exige de outrem um comportamento não estatuído pela ordem jurídica, este tem um "direito", concedido pela ordem jurídica, de omitir esse comportamento; "direito" no sentido de liberdade juridicamente garantida. A ordem jurídica contém não só a proposição de que alguém está obrigado a determinado comportamento (na medida em que a negação desse comportamento é estatuído como condição para a consequência específica do ilícito), mas também a seguinte proposição: alguém é livre quando ele não é obrigado a fazer ou a deixar de fazer algo. Essa norma negativa é aquela que é aplicada em uma decisão que rejeita uma pretensão dirigida a um comportamento que não constitui um dever.

Contudo, se ainda se fala, em certos casos, em uma "lacuna", isso não significa, como a expressão aparenta, que uma decisão é, em virtude da falta de uma norma, logicamente impossível. Isso significa antes que a decisão – logicamente possível – que concede ou rejeita a pretensão, por parte da instância chamada a decidir, ou seja, chamada a aplicar a lei, será considerada excessivamente inadequada ou excessivamente injusta. Ela seria tão inadequada e tão injusta que a instância chamada a decidir tende a supor que o legislador não teria cogitado esse caso e que, se ele o tivesse cogitado, ele teria decidido de uma forma diferente daquela que deve ser decidida com base na lei. Essa suposição pode ser verdadeira ou não – mas sua correção não pode ser provada. Diante do dever, estatuído em conformidade com a constituição, de aplicar a norma que o legislador de fato editou e não a norma que ele presumidamente deveria ter editado, essa suposição é irrelevante. A lei que é ruim na visão daquele que aplica o direito também deve ser aplicada, independentemente do fato de que aquilo que alguns consideram ruim outros consideram bom. A denominada "lacuna" é, assim, nada mais que a diferença entre o direito positivo e uma ordem considerada melhor, mais justa, mais correta. Somente quando se coteja uma tal ordem e a ordem positiva, afirmando-se, assim, a debilidade desta, pode-se falar em uma lacuna. Que uma tal lacuna não possa ser preenchida através da interpretação é autoevidente assim que se reconhece sua essência. A interpretação não tem, aqui, a função de conduzir à aplicação da norma a ser interpretada, mas, ao contrário, excluí-la e estabelecer, em seu lugar, a norma melhor, mais correta, mais justa, em síntese a norma desejada por aquele que aplica o direito. Sob a aparência da complementação anula-se, no processo da aplicação jurídica, a norma original, substituindo-a por uma nova norma. Trata-se de uma ficção que se usa especialmente quando a modificação da norma geral é, por um motivo qualquer, difícil ou impossível: por exemplo, porque se trata de direito consuetudinário que não pode, de modo algum, ser modificado em um processo racional, porque as leis válidas são vistas como sagradas ou oriundas de Deus ou porque o aparato legislativo, por qualquer motivo, não pode ou apenas dificilmente pode ser posto em movimento.

41. As Denominadas Lacunas Técnicas

Ao lado das lacunas propriamente ditas, ocasionalmente se distinguem também lacunas técnicas, que são consideradas possíveis e cujo preenchimento seria admitido no processo de interpretação até mesmo na visão daqueles que rejeitam, de um ponto de vista positivista, a existência de lacunas autênticas. Elas existiriam quando o legislador se omite em normatizar algo que ele deveria ter normatizado para que a aplicação da lei seja tecnicamente possível. Contudo, aquilo que se denomina lacuna técnica é uma lacuna no sentido original da palavra, ou seja, uma diferença entre o direito positivo e o direito desejado, ou uma indeterminação que resulta da moldura da norma. O primeiro caso ocorre, por exemplo, quando a lei normatiza o caráter vinculante da compra-e-venda, mas – como geralmente se diz – nada determina sobre quem assume o risco quando a coisa vendida é – sem culpa das partes – destruída antes da entrega. Contudo, não é o caso de o legislador "nada" ter determinado, mas antes o caso de ele não ter determinado que o vendedor se livra da obrigação de entregar os bens ou substituí-los. Essa determinação é obviamente considerada desejável por aquele que afirma existir aqui uma "lacuna", mas ela não precisa necessariamente ser imaginada para que a lei seja aplicável. Uma vez que a lei não contém qualquer exceção à obrigação do vendedor de entregar o bem, mesmo no caso mencionado, ela determina que o vendedor assume o risco. O segundo caso ocorre quando a lei determina, por exemplo, que um órgão deve ser criado através de eleição, mas não regula o processo de eleição. Isso significa que qualquer forma de eleição, proporcional ou majoritária, aberta ou secreta, e assim por diante, é legal. O órgão competente para a realização da eleição pode determinar discricionariamente o processo de eleição. A determinação do processo de eleição é deixada a uma norma de nível inferior. Outro exemplo: uma lei determina que, para que um colegiado possa funcionar, ele deve ser convocado por seu presidente e, ao mesmo tempo, que o próprio colegiado deve escolher seu presidente, mas nada determina sobre a reunião do colegiado quando não há um presidente. Se essa norma não puder significar que caso não exista presidente qualquer forma de reunião é legal, mas antes apenas que também nesse caso o colegiado deve ser convocado por seu presidente, então esse colegiado não pode, de modo algum, funcionar legalmente. Mas também aqui não existe uma "lacuna", pois a lei determina que o colegiado seja convocado pelo presidente, mesmo quando não exista um presidente. Se a lei nada tivesse prescrito em relação a esse caso, qualquer reunião – independentemente de sua forma de convocação – seria legal. De fato a lei determina aqui algo sem sentido. Isso não é impossível, por serem as leis obras humanas. Uma norma pode ter um conteúdo sem sentido. Quando isso ocorre, nenhuma interpretação é capaz de atribuir a ela um sentido, pois através da interpretação não se pode extrair de uma norma algo que já não estava antes contido nela.

42. A Teoria das Lacunas do Legislador

Embora, em virtude disso, lacunas da lei não existam, o legislador pode – influenciado por uma falsa teoria – pressupor a existência de "lacunas". Mas então essas "lacunas" são algo diverso daquilo que talvez o legislador considere ser uma lacuna. Elas podem dizer respeito – e de fato não raramente dizem respeito – a determinações para o caso de não se poder obter uma decisão a partir da lei, como no caso do § 6º do código civil austríaco e do § 1º do código civil suíço. Quando a lei instrui o juiz – como faz o § 1º do código civil suíço acima mencionado – a decidir, em caso de uma "lacuna", como ele decidiria caso fosse legislador, isso significa uma atribuição de poder ao juiz para decidir, nos casos em que a aplicação da lei for considerada inaceitável, no lugar da lei, de acordo com sua discricionariedade. O bom legislador não pode renunciar a uma revisão da lei quando as circunstâncias exigirem. Pois ele deve contar desde o início com pressupostos fáticos que ele não previu e também não pode prever; suas normas gerais não podem se deter em nada mais que a média dos casos. Exatamente por isso ele não consegue circunscrever os casos em que ele quer deixar o aplicador do direito substituí-lo; se ele conseguisse, ele não precisaria permitir sua própria substituição. A ele não resta outra coisa a não ser deixar essa questão ao aplicador do direito, correndo o risco inevitável de que o aplicador – como legislador delegado – decida também casos em que o legislador queria ver sua lei aplicada. É claro que com isso corre-se o risco de que a máxima da legalidade da implementação e, portanto, a validade das normas gerais editadas para a aplicação pelas cortes de justiça e das autoridades administrativas seja questionada em geral. Corre-se o risco também de a ênfase da criação do direito transportar-se do legislador geral para o aplicador individual. Para diminuir, tanto quanto possível, esse perigo, formula-se a atribuição do poder ao aplicador para eliminação da lei de uma maneira que ele não tenha consciência da extraordinária autoridade que com isso a ele se transfere. Aquele que aplica o direito deve acreditar só poder não aplicar a lei nos casos em que ela não pode ser aplicada por não conter qualquer possibilidade de aplicação. Ele deve acreditar estar livre somente quando lhe é permitido funcionar como legislador, mas não no sentido de que ele pode substituir o legislador. A ficção da "lacuna" encobre o fato de o aplicador do direito ser, na verdade, livre também nesse sentido. E essa fórmula consciente ou inconscientemente falsa tem o efeito – intencionalmente desejado pelo legislador – de fazer que o aplicador use, somente muito raramente, a liberdade a ele concedida de não aplicar uma lei em um caso concreto. A ele parecerá que somente no caso da maior divergência entre a lei e a sua própria consciência jurídica – ou seja, um caso que o próprio legislador não quis regular e que por isso não é regulado pela lei – existe uma verdadeira lacuna. Desse modo, faltam as premissas lógicas para a conclusão que parte do geral e vai ao particular, que constitui todo ato de aplicação da lei. As denominadas "lacunas na lei" constituem uma fórmula tipicamente ideológica. A aplicação da lei que em determinados casos é – em uma avaliação de acordo com a discricionariedade do aplicador do direito – inadequada em termos jurídico-políticos, é representada como uma impossibilidade lógico-jurídica.

VII. Os Métodos de Criação do Direito

43. Forma de Direito e Forma de Estado

A doutrina da estrutura escalonada da ordem jurídica apreende o direito em seu movimento, no processo de sua autocriação que se renova permanentemente. Ela é uma teoria dinâmica do direito, distinta de uma teoria estática do direito que procura compreender, dentre outras coisas, o direito, sua validade, seu âmbito de validade, sem considerar sua criação, somente como uma ordem criada. No centro do problema de uma dinâmica do direito encontra-se a questão dos diversos métodos de criação do direito ou das formas do direito. Quando se reconhece que a função essencial da norma jurídica é obrigar os seres humanos a um comportamento determinado (na medida em que ela conecta à conduta oposta um ato de coação, a denominada consequência do ilícito), então o ponto de vista decisivo segundo o qual deve-se avaliar a criação da norma jurídica é o seguinte: se o ser humano a ser obrigado pela norma jurídica, aquele que está sujeito à norma, toma ou não toma parte na criação dessa norma que o obriga. Em outras palavras: se a obrigação está de acordo com sua vontade ou não, ou até mesmo contra sua vontade. Trata-se daquela distinção que geralmente se denomina oposição entre autonomia e heteronomia, e que a doutrina do direito frequentemente aplica no âmbito do direito do estado. Aqui ela aparece como distinção entre democracia e autocracia ou república e monarquia; e aqui ela propicia a classificação usual das formas de estado. Porém, aquilo que se compreende como forma de estado é fundamentalmente apenas um caso da forma de direito. A forma de estado é a forma de direito, ou seja, o método de criação do direito no nível mais elevado da ordem jurídica, que está no âmbito da constituição. Com o conceito de forma de estado designa-se o método de criação de normas gerais regulado pela constituição. Quando se compreende a forma de estado somente como a constituição enquanto forma do processo legislativo, ou seja, como forma de criação de normas gerais, e quando se identifica – no conceito de forma de estado – o estado com a constituição enquanto forma de criação de normas jurídicas, então se está apenas seguindo a representação habitual do direito, que comumente é considerado apenas como sistema de normas gerais, sem se levar em conta que a individualização das normas jurídicas gerais – a progressão da norma jurídica abstrata à norma jurídica concreta – também deve ser tomada nos limites da ordem jurídica. A identificação da forma de estado com a constituição corresponde completamente ao preconceito de que o direito está contido na lei. O problema da forma de estado como uma questão sobre o método de criação do direito não surge, porém, apenas no nível da constituição, e assim não apenas em relação à legislação, mas antes em todos os níveis de criação do direito e, especialmente, em relação aos diversos casos de estabelecimento de normas individuais: o ato administrativo, a sentença judicial e o negócio jurídico.

44. Direito Público e Privado

Como exemplo especialmente característico, pode ser apresentada a distinção entre direito público e privado, que é fundamental para a sistemática da ciência do direito moderna. Sabidamente, não se conseguiu até hoje alcançar uma determinação completamente satisfatória dessa distinção. Segundo a opinião mais frequentemente difundida, trata-se de uma divisão das relações jurídicas: o direito privado representa uma relação entre sujeitos coordenados, sujeitos juridicamente iguais, e o direito público representa uma relação entre um sujeito que se encontra acima de outro sujeito a ele subordinado, portanto entre dois sujeitos dentre os quais um possui maior importância jurídica diante do outro. A típica relação jurídica de direito público é a relação entre estado e súdito. Designam-se as relações jurídicas de direito privado como relações jurídicas *per se*, como relações "jurídicas" no sentido próprio e estrito do termo, para contrastá-las com as relações jurídicas de direito público como relações de "poder" ou "domínio". Assim, a distinção entre direito privado e direito público de fato tende fundamentalmente a admitir o significado de uma oposição entre direito e poder não-jurídico ou semi-jurídico, especialmente entre direito e estado. Quando se olha mais de perto qual é verdadeiramente o significado da maior importância jurídica atribuída a determinados sujeitos, a posição superior em relação a outros sujeitos a eles subordinados, mostra-se que se trata de uma distinção entre pressupostos fáticos referentes à criação do direito. A distinção definitiva é, assim, a mesma que subjaz à divisão entre as formas de estado. A maior importância jurídica conferida ao estado – ou seja, a seus órgãos – em relação aos súditos consiste no fato de a ordem jurídica atribuir a seres humanos qualificados – ou a alguns deles, os denominados órgãos autoritativos – a capacidade de obrigar os súditos através de uma manifestação unilateral de vontade (através de uma ordem). Um exemplo típico de uma relação jurídica de direito público: a ordem administrativa, uma norma individual posta pelo órgão administrativo, através da qual o destinatário da norma se torna juridicamente obrigado a um comportamento conforme essa ordem. Por outro lado, uma típica relação jurídica de direito privado é: o negócio jurídico, especialmente o contrato, ou seja, a norma individual criada através do contrato, por meio da qual as partes contratantes se tornam juridicamente obrigadas a um comportamento recíproco. Os sujeitos que serão obrigados pelo contrato participam da criação da norma que os obrigará, e nisso consiste a essência da criação contratual de direito. Já no caso da ordem administrativa, o sujeito que será obrigado não possui qualquer participação na criação da norma que cria a obrigação, o que constitui um típico caso de criação autocrática do direito. A relação jurídica de direito privado representa, por outro lado, um método marcadamente democrático de produção do direito. Por isso, a antiga teoria já denominava, de forma completamente correta, a esfera jurídico-contratual como a esfera da autonomia privada.

45. O Significado Ideológico do Dualismo entre Direito Público e Direito Privado

Quando se concebe a distinção decisiva entre direito privado e direito público como a distinção entre dois métodos de criação do direito; quando se reconhece nos denominados atos públicos do estado os mesmos atos jurídicos do negócio jurídico privado; quando se percebe, sobretudo, que a manifestação de vontade que constitui o pressuposto fático criador de direito é, em ambos os casos, somente a progressão do processo de formação da vontade estatal; quando se reconhece que, tanto no caso da ordem da autoridade quanto no caso do negócio jurídico privado, realiza-se apenas a individualização de uma norma geral, naquela uma lei administrativa e neste o código civil, então não parece de modo algum tão paradoxal que a teoria pura do direito, a partir de seu ponto de vista universalista, sempre orientado à totalidade da ordem jurídica e à denominada vontade do estado, veja também no negócio jurídico privado, exatamente como na ordem da autoridade, um ato do estado, ou seja, um pressuposto fático de criação do direito imputável à unidade da ordem jurídica. Com isso, a teoria pura do direito relativiza a oposição entre direito privado e direito público, absolutizada pela ciência do direito tradicional; ela transforma essa oposição – de uma oposição extrassistemática, ou seja, de uma distinção entre direito e não-direito, entre direito e estado – em uma oposição intrassistemática. E exatamente por isso ela se mantém como uma ciência, pois ela dissolve a ideologia que está ligada à absolutização desse objeto. Na medida em que se representa a oposição entre direito público e direito privado como a oposição absoluta entre poder e direito, ou pelo menos entre poder do estado e direito, pressupõe-se que, no âmbito do direito público – especialmente no âmbito do direito constitucional e do direito administrativo, que são politicamente muito importantes – o princípio do direito não teria validade no mesmo sentido e na mesma intensidade que tem no âmbito do direito privado que, por assim dizer, seria o verdadeiro âmbito do direito. Diferentemente do direito privado, no direito público não prevaleceria o direito estrito, mas antes o interesse público, o bem-estar coletivo, que deveria ser realizado em todas as circunstâncias. Por isso a relação entre a norma geral e o órgão de execução seria, no âmbito do direito público, diferente dessa relação no âmbito do direito privado: ela seria diferente da aplicação vinculante da lei ao caso concreto, presente no direito privado, sendo antes a mera realização livre da finalidade pública no contexto da lei e, em casos de necessidade, ou seja, nos casos do denominado estado de emergência, até mesmo contra a lei. Uma investigação crítica mostra, porém, que toda essa distinção não se baseia no direito positivo, na medida em que ela quer sugerir mais do que o fato de a atividade dos órgãos legislativos, de governo e da administração estar, via de regra, vinculada à lei em um grau menor que a atividade das cortes de justiça, bem como mais do que o fato de, em geral, atribuir-se juridicamente às cortes de justiça uma medida menor de discricionariedade que aos órgãos legislativos, de governo e da administração. Essa doutrina da distinção essencial entre direito público e direito privado se envolve também em uma contradição quando afirma ser a independência do direito público (considerado como esfera de vida do estado) em relação ao direito um princípio do direito, uma característica específica do direito público. Por isso ela poderia, na melhor das hipóteses, falar em dois âmbitos do direito tecnicamente estruturados de forma diversa, mas não de uma oposição essencial absoluta entre estado e direito. Esse dualismo lógico completamente inaceitável não tem, porém, um significado teórico, mas antes ideológico. Desenvolvido pela doutrina constitucional, ele seria capaz de assegurar ao governo e ao aparato administrativo a ele subordinado uma independência, por assim dizer, deduzida da natureza das coisas. Essa independência não é uma independência em relação ao direito, pois, afinal de contas, isso seria impossível, mas uma independência da lei, uma independência das normas gerais criadas através da representação do povo ou com a colaboração do povo. Independência certamente não apenas no sentido de que uma vinculação legal ampla dos órgãos governamentais e legislativos será considerada contraditória com a essência da função desses órgãos, mas também no sentido de que, quando essa vinculação existir, considerar-se-á que ela pode ser afastada. E – no caso da oposição habitual entre governo e parlamento – essa tendência pode ser constatada não só nas monarquias constitucionais, mas também nas repúblicas democráticas.

Por outro lado, a absolutização da oposição entre direito público e direito privado também cria a ideia de que somente o âmbito do direito público, sobretudo o direito constitucional e o direito administrativo, seria o âmbito da dominação política, que estaria completamente excluída do âmbito do direito privado. Já em um contexto anterior mostrou-se que toda essa oposição entre o "político" e o "privado" não existe no âmbito do direito subjetivo. Mostrou-se que os direitos privados são direitos políticos no mesmo sentido que aqueles direitos que se costuma denominar direitos políticos, pois ambos, ainda que de modos distintos, asseguram a participação na construção da vontade estatal. Assegurar a participação na construção da vontade estatal significa, porém, assegurar a participação no domínio político. Através da distinção principiológica entre uma esfera jurídica pública, ou seja, uma esfera política, e uma esfera jurídica privada, ou seja, não-política, evita-se a concepção de que o direito "privado" criado no negócio jurídico contratual está em um cenário de domínio político na mesma medida que o direito público criado no processo legislativo e na administração pública.

Aquilo que denominamos direito privado é – do ponto de vista da função que essa parte da ordem jurídica possui no contexto do todo – somente a forma econômica de produção e distribuição de produtos correspondente à ordem econômica capitalista, uma função eminentemente política, ou seja, uma função de dominação. A uma ordem jurídica socialista seria adequada outra forma de direito, não uma forma autônoma-democrática, como aquela representada hoje pelo direito privado, mas – presumivelmente – uma forma heterônoma-autocrática, uma forma de direito que se aproximaria do nosso direito administrativo atual. Se ela é uma forma de regulação mais satisfatória ou mais justa pode ficar aqui em aberto. Isso a teoria pura do direito não quer e nem pode decidir.

VIII. Direito e Estado

46. O Dualismo Tradicional entre Direito e Estado

Da oposição que a doutrina jurídica tradicional assume entre direito público e direito privado, emerge, da forma mais clara, o intenso dualismo que domina a moderna ciência do direito e, assim, todo nosso pensamento social: o dualismo entre estado e direito. Quando a teoria do direito e do estado tradicional confronta o estado como uma entidade diversa do direito e, ao mesmo tempo, o afirma como uma entidade jurídica, ela considera o estado como sujeito de deveres jurídicos e autorizações, ou seja, como uma pessoa, conferindo a ele, ao mesmo tempo, uma existência independente da ordem jurídica.

Do mesmo modo que a teoria do direito privado supunha que a personalidade jurídica do indivíduo precedia lógica e juridicamente o direito objetivo, ou seja, a ordem jurídica, também a teoria jurídica do estado supõe que o estado, como entidade coletiva que aparece como sujeito de um querer e de um agir, existe independentemente e até mesmo antes do direito. Mas, como se ensina, o estado cumpre sua missão histórica ao criar o direito – o "seu" direito, a ordem jurídica objetiva – e então sujeita-se a ele, ou seja, obriga-se e autoriza a si próprio através de seu próprio direito. Assim, o estado, como entidade metajurídica, como um macro-ser humano ou organismo social, é pressuposto do direito e, ao mesmo tempo, aquele que pressupõe o direito, pois é um sujeito de direito que se submete ao direito, que é obrigado pelo direito e que está autorizado pelo direito. Trata-se da famosa teoria do duplo aspecto e da auto-obrigação do estado, que, mesmo diante das evidentes contradições que lhe são atribuídas, é afirmada - com tenacidade incomparável - contra todas as objeções.

47. A Função Ideológica do Dualismo entre Direito e Estado

A teoria tradicional do direito e do estado não pode renunciar a essa teoria, a esse dualismo entre direito e estado que nela se manifesta. Pois ele desempenha uma função ideológica extremamente importante, que não pode, de modo algum, ser superestimada. O estado deve ser representado como uma pessoa diversa do direito, para que o direito possa justificar o estado, que cria esse direito e se submete a ele. E o direito só pode justificar o estado se ele possuir uma natureza originária essencialmente distinta: ordem que se contrapõe ao poder e, assim, ordem que é pressuposta em determinado sentido como correta ou justa. Assim, o estado se transforma de um mero fato de poder em um estado de direito, que se justifica por produzir o direito. Na medida em que uma legitimação metafísica religiosa do estado torna-se ineficaz, deve essa teoria do estado de direito se tornar a única justificação possível do estado. Essa "teoria" faz do estado, na medida em que o considera uma pessoa jurídica, objeto do conhecimento jurídico, objeto da teoria jurídica do estado, e, ao mesmo tempo, enfatiza que o estado não pode ser apreendido juridicamente, pois como poder ele é essencialmente diverso do direito. Essa contradição não afeta essa teoria, já que contradições são inerentes a teorias ideológicas, não significando uma dificuldade séria, pois ideologias não visam realmente ao aprofundamento do conhecimento, mas antes à determinação da vontade. Não se trata de apreender a essência do estado, mas antes de fortalecer sua autoridade.

48. A Identidade entre Direito e Estado

a) O Estado como Ordem Jurídica

Um conhecimento do estado livre de ideologia e assim libertado de toda metafísica e mística não pode capturar sua essência a não ser apreendendo essa estrutura social como uma ordem de comportamento humano. Uma investigação detalhada mostra que essa estrutura social é uma ordem social de coação e que essa ordem de coação deve ser idêntica à ordem jurídica, já que os mesmos atos de coação caracterizam ambas essas ordens e uma mesma comunidade social não pode ser constituída por duas ordens distintas. O estado é uma ordem jurídica. Mas nem toda ordem jurídica é denominada estado; isso só acontece quando a ordem jurídica estabelece determinados órgãos para a criação e implementação das normas que a constituem, órgãos que funcionam de acordo com a divisão de trabalho. Denomina-se estado a ordem jurídica que atingiu um determinado grau de centralização.

Nos primitivos, a comunidade pré-estatal realizava a criação de normas jurídicas gerais através do costume, ou seja, através do exercício de práticas jurídicas individuais. Até mesmo para o estabelecimento da norma individual e especialmente para sua execução através de um ato de coação não havia cortes de justiça centrais. A determinação do pressuposto fático ilícito, bem como a realização da consequência do ilícito, é deixada àquele cujos interesses – que são protegidos pela ordem jurídica – foram violados. É o filho que, por causa do homicídio de seu pai, deve se vingar do assassino e de sua família; é o próprio credor que deve por as mãos no devedor que se encontra em mora, para satisfazer seu interesse através da penhora. Essas são as formas primitivas de pena e execução. Na medida em que estabelecem pressupostos fáticos jurídicos, os membros da comunidade agem como órgãos da ordem jurídica e da comunidade por ela constituída, pois eles agem como poder conferido pela ordem jurídica. A única razão pela qual esses atos de coação não são considerados novos atos ilícitos é que - em virtude dessa atribuição de poder - eles podem ser imputados à comunidade, pois é a comunidade que reage contra o ilícito. Somente no curso de um desenvolvimento muito longo criam-se, como resultado do processo de divisão do trabalho, órgãos centrais; caracteristicamente, cortes de justiça e órgãos de execução se desenvolveram muito antes que órgãos legislativos. Por maior que possa ser esse passo, do ponto de vista técnico-jurídico, existe uma diferença quantitativa, mas não qualitativa, entre a ordem jurídica descentralizada e a ordem jurídica centralizada, entre a comunidade jurídica primitiva e a comunidade jurídica estatal.

Na medida em que não há uma ordem mais elevada do que a ordem jurídica estatal, o próprio estado é a mais elevada ordem jurídica ou comunidade jurídica, a ordem jurídica ou comunidade jurídica soberana. Isso significa, especialmente, que, embora os âmbitos territorial e material de validade da ordem jurídica certamente sejam limitados, na medida em que de fato a própria ordem de coação estatal limita sua validade a um determinado espaço e a determinados objetos, ou seja, embora ela - pelo menos materialmente - não pretenda ter validade em relação a tudo e não abranja todas as relações humanas, ela tem porém a capacidade, que não é limitada por uma ordem jurídica superior, de ampliar sua validade tanto no sentido territorial quanto material. Geralmente isso se denomina competência soberana. Porém, quando se ergue, acima das ordens jurídicas estatais individuais, o direito internacional, o estado não mais pode ser apreendido como ordem jurídica soberana, mas somente como uma ordem jurídica relativamente superior, que está abaixo apenas do direito internacional, como uma ordem jurídica imediatamente inferior ao direito internacional. Sua determinação mais detalhada só pode ser dada após a representação de sua relação com o direito internacional. Assim como a comunidade pré-estatal, também essa comunidade supraestatal constituída pelo direito internacional não pode - em virtude da ausência de centralização suficiente - ser denominada estado.

b) O Estado como Problema de Imputação Jurídica

O fato de o estado ser uma ordem jurídica especificamente qualificada (que se distingue de ordens jurídicas de outros tipos apenas quantitativamente, e não qualitativamente) mostra-se também pelo fato de toda expressão de vida do estado, todo ato estatal, poder ser realizado somente como ato jurídico, como ato de criação ou implementação de normas jurídicas. Uma ação humana é um ato estatal somente na medida em que ela é qualificada como tal por uma norma jurídica. Considerada a partir dos atos individuais do estado – através dos quais o estado, como um fenômeno dinâmico, manifesta-se –, o problema do estado é um problema de imputação. Esse problema se manifesta na questão sobre por que razão uma determinada ação humana – e todo ato do estado é, antes de tudo, nada mais que uma ação humana – é imputada não ao próprio ser humano que a pratica, mas antes a um sujeito pensado, por assim dizer, por trás desse ser humano. A norma jurídica se mostra como único critério possível dessa imputação. Porque e na medida em que o pressuposto fático de uma ação humana é estatuído de forma específica em uma norma jurídica, pode esse pressuposto fático ser relacionado à unidade da ordem jurídica que contém a norma que o qualifica. O estado como sujeito de atos estatais, ou seja, o estado como pessoa, nada mais é que a personificação dessa ordem que, como ordem jurídica, é exatamente aquela ordem de coação; e o estado somente pode ser apreendido como essa ordem de coação. A imputação à pessoa do estado faz do pressuposto fático imputado um ato do estado e qualifica o ser humano que estabelece o pressuposto fático como órgão estatal. A pessoa jurídica do estado apresenta, portanto, absolutamente o mesmo caráter de toda outra pessoa jurídica. Assim como outras pessoas jurídicas, o estado é, como expressão da unidade de uma ordem jurídica, um ponto de imputação que tende a ser hipostasiado pelo espírito do sujeito do conhecimento, tende a ser colocado como real e a ser representado, por trás da ordem jurídica, como uma entidade diferente dessa ordem jurídica.

c) O Estado como Aparato de Órgãos Públicos

Logo após a ordem jurídica ter superado o estágio primitivo de descentralização completa, logo após terem se desenvolvido órgãos para criação e implementação dos atos de coação que funcionam de acordo com a divisão de trabalho, um grupo de indivíduos destaca-se de maneira bem clara da massa de membros do estado, ou seja, daqueles que estão sujeitos às normas. Esses indivíduos são qualificados, de um modo específico, como órgãos. Pertence à essência dessa centralização - que aliás não é integral, na medida em que certas funções sempre permanecem descentralizadas - o fato de a função dos órgãos que atuam de acordo com a divisão de trabalho ser em regra estatuída como dever jurídico, ou seja, ser sancionada com uma consequência específica do ilícito, a punição disciplinar. Pertence ainda à essência dessa centralização o fato de essa função ser gradualmente profissional e remunerada. O órgão estatal que funciona de acordo com a divisão do trabalho transforma-se - como portador da função jurídica centralizada - em servidor público, ou seja, em um órgão juridicamente qualificado de determinada maneira. Esse desenvolvimento, que está ligado à transição da economia natural à economia monetária, pressupõe o quadro de um fisco estatal, ou seja, de um patrimônio central, cuja criação e emprego, crescimento e dispensa, são regulados juridicamente de forma especial, sendo os salários dos servidores dos órgãos públicos estatais e os custos de sua atuação pagos a partir dele. O estado, representado por esses órgãos públicos, realiza especialmente aquela atividade que acima foi designada como administração pública direta, como persecução direta da finalidade pública. O fato de não um particular, mas antes o estado, erguer uma escola ou operar uma ferrovia, leva a uma qualificação especial dos seres humanos que realizam essa função. O desenvolvimento do estado judicial que leva ao estado administrativo conecta-se ao aparato construído pelos órgãos públicos estatais. Mas não se deve negligenciar o fato de também o estado administrativo ser uma ordem de coação. O estado administrativo é aquele cujos órgãos públicos perseguem diretamente a finalidade pública, na medida em que estabelecem diretamente o estado social desejado. Eles não se limitam a criar e a implementar normas que obrigam os súditos – e não os servidores públicos – ao comportamento social desejado, na medida em que os órgãos – do serviço público – reagem, no caso da prática da conduta oposta, com um ato de coação. Mas a administração pública direta se realiza juridicamente do mesmo modo que o comportamento social desejado dos súditos: através do dever jurídico dos órgãos públicos estatais, ou seja, através do fato de a ordem jurídica instruir outros órgãos estatais a reagir contra o comportamento contrário ao dever com um ato de coação. O estado como aparato de coação abrange o estado como aparato administrativo.

Com o desenvolvimento de um sistema de órgãos que funcionam de acordo com a divisão de trabalho, o conceito de órgão estatal em sentido estrito – como um órgão que é especialmente qualificado em termos jurídicos, como um órgão público – contrapõe-se ao conceito de súdito, o particular. O uso linguístico, de modo geral, restringe a designação órgão estatal ao órgão público. Aquele que, como súdito – e não como servidor público – cria, em um negócio jurídico, por delegação da ordem jurídica, normas juridicamente vinculantes, não é denominado "órgão estatal", embora sua função seja a mesma de um servidor administrativo que expede um decreto. Mas o uso linguístico não é, de modo algum, coerente. O particular que funciona como eleitor de um parlamento, bem como os eleitos e o parlamento por eles constituído – embora lhes falte a qualificação específica do serviço público – são considerados órgãos estatais: e o são evidentemente porque desempenham uma função jurídica. Aqui prevalece exatamente o conceito primário de órgão.

Ao conceito de órgão (em sentido estrito) de um funcionário público corresponde um conceito especial e estrito de estado, como conjunto de órgãos públicos. Trata-se de um conceito empregado muito frequentemente, que se expressa também na representação ingênua segundo a qual o estado constitui uma organização mais estrita e mais sólida dentro do estado em um sentido mais amplo, que engloba todos os súditos. Do ponto de vista de uma análise estrutural exata, o conceito de órgão estatal, órgão como pessoa, que é um conceito ilustrativo - porque é personificador - e exatamente por isso incorreto, deve ser substituído pelo conceito de órgão como função. A qualificação especial do ser humano que desempenha a função, o denominado detentor do órgão - que é personificado no conceito de órgão estatal - é, no contexto do pressuposto fático do órgão como função, apenas um elemento que constitui esse pressuposto fático. Quando se substitui o órgão estatal pelo órgão como função, então o estado - considerado como conjunto de órgãos públicos, o aparato público - é representado como um sistema de funções jurídicas bem determinadas: aquelas que, de acordo com a ordem jurídica, devem ser realizadas por indivíduos especialmente qualificados como servidores do estado, aos quais também se adiciona, porém, outras funções que não são realizadas por servidores, como a função legislativa. Esse estado é um conjunto de pressupostos fáticos jurídicos qualificados de um modo específico, sendo, portanto, afinal, o sistema das normas jurídicas que qualifica esses pressupostos fáticos: uma ordem jurídica parcial mais ou menos arbitrariamente destacada da ordem jurídica estatal como um todo.

d) A Teoria do Estado como Teoria do Direito

O conhecimento do estado como ordem jurídica se comprova também pelo fato de os problemas que convencionalmente são apresentados do ponto de vista de uma teoria geral do estado se mostrarem como problemas de teoria do direito, como problemas referentes à validade e à criação da ordem jurídica. Aquilo que se denomina "elementos" do estado - o poder estatal, o território do estado e o povo do estado - nada mais são que a validade dessa ordem estatal em si, bem como os âmbitos espacial e pessoal de validade dessa ordem. Um caso especial dentro da questão sobre o âmbito espacial de validade das normas que constituem a ordem estatal é o da natureza das estruturas jurídicas que resultam de uma divisão territorial do estado. A partir dessas estruturas pode-se apreender problemas que dizem respeito à centralização e à descentralização, tais como a descentralização administrativa, o corpo administrativo autônomo, os estados membros, as partes do estado, entre outros, bem como, sobretudo, todas as associações de estados. A doutrina dos três poderes ou funções do estado tem como objeto os diferentes níveis de criação da ordem jurídica; os órgãos estatais só podem ser compreendidos como pressupostos fáticos de criação e de implementação do direito, e as formas de estado são os métodos de criação da ordem jurídica, que se aborda figuradamente como "vontade do estado".

e) O Poder do Estado como Eficácia da Ordem Jurídica

Do mesmo modo que se reconhece na ordem de coação do direito o estado como ordem e na personificação da unidade dessa ordem o estado como pessoa, pode-se identificar a eficácia da ordem jurídica completamente com aquilo que habitualmente se designa "poder do estado" ou estado como "poder". Esse poder só pode se exteriorizar absolutamente através da força motivadora contida na representação das normas da ordem jurídica, ou seja, da ordem estatal. Todos os eventos exteriores nos quais habitualmente se tenta enxergar o poder do estado, como as prisões e fortalezas, as forcas e as metralhadoras, são, em si, objetos mortos. Eles se transformam em instrumentos do poder estatal somente na medida em que são usados por seres humanos no sentido de uma ordem específica, na medida em que a representação dessa ordem, a crença de se dever agir em conformidade com essa ordem, determina esses seres humanos.

Quando se reconhece tudo isso, o dualismo entre estado e direito se dissolve como uma daquelas duplicações que surgem pelo fato de o conhecimento hipostasiar a unidade de seu objeto, por ele constituída. Uma expressão dessa unidade é o conceito de pessoa. O dualismo entre o estado como pessoa e a ordem jurídica, considerado de um ponto de vista teórico-cognitivo, corre paralelamente ao igualmente contraditório dualismo entre Deus e mundo. A ideologia político-jurídica estatal aparece apenas como subsidiária e substituta da ideologia teológico-religiosa, com ela concordando em todos os pontos essenciais. Quando se compreende, porém, a identidade entre estado e direito, percebendo-se que o direito – o direito positivo, que não deve ser identificado com a justiça – é exatamente a mesma ordem de coação que se mostra a um conhecimento que não se detém em imagens antropomórficas como estado, um conhecimento que penetra no véu da personificação atingindo as relações reais entre os seres humanos, então é absolutamente impossível justificar o estado por meio do direito. Assim como também é impossível justificar o direito por meio do direito, quando essa palavra não é aplicada em dois sentidos diferentes: no sentido de direito positivo e no sentido de direito correto, de justiça. A tentativa de legitimar o estado como estado de direito mostra-se, então, completamente inapropriada, pois todo estado precisa ser um estado de direito, na medida em que por "estado de direito" se entenda um estado que "tem" uma ordem jurídica. Não pode, pois, haver um estado que não tenha uma ordem jurídica, porque todo estado é apenas uma ordem jurídica. Isso não representa, porém, de modo algum, um juízo de valor político. Esse conceito de estado de direito não deve ser confundido com aquele que significa uma ordem jurídica que possui um conteúdo bem específico, a saber, uma ordem jurídica que apresenta certas instituições como direitos de liberdade, garantias para a legalidade das funções dos órgãos estatais e métodos democráticos de criação do direito. Ver uma "verdadeira" ordem jurídica somente em um sistema jurídico estruturado dessa maneira é um preconceito jusnaturalista. Do ponto de vista de um positivismo coerente, o direito, exatamente como o estado, só pode ser reconhecido como uma ordem coativa do comportamento humano, com o que nada se afirma sobre seu valor moral ou de justiça. O estado pode ser então juridicamente apreendido em medida não maior e nem menor que o próprio direito, que como ordem de conteúdo espiritual é, assim, objeto do conhecimento jurídico-normativo. Como ato psicológico-corporal motivado e motivador, o direito é poder, ou seja, poder jurídico, e, enquanto tal, é objeto da psicologia social ou da sociologia.

f) A Dissolução da Ideologia da Legitimação

Essa dissolução crítico-metodológica do dualismo entre estado e direito é, ao mesmo tempo, a aniquilação implacável de uma das mais eficazes ideologias de legitimação; esse é o motivo da apaixonada resistência que a teoria tradicional do direito e do estado opõe à tese da identidade entre estado e direito, fundamentada pela teoria pura do direito.

Quando a teoria pura do direito recusa uma legitimação do estado através do direito, ela não o faz por considerar impossível uma legitimação do estado. Ela nega somente que a ciência do direito possa realizar uma justificação do estado através do direito ou - o que significa o mesmo - uma justificação do direito através do estado. E ela nega especialmente que possa ser tarefa da ciência do direito justificar qualquer coisa. Justificação significa valoração; e valorações - que possuem sempre caráter subjetivo - pertencem à ética e à política, mas não ao conhecimento objetivo. Se a ciência do direito quer ser ciência e não política, ela deve servir somente a esse conhecimento objetivo.

IX. O Estado e o Direito Internacional

49. A Essência do Direito Internacional

a) Os Níveis do Direito Internacional; sua Norma Fundamental

O direito internacional é formado por normas que regulam as relações entre estados; essas normas foram originalmente criadas, através do costume, por atos de estados, ou seja, por órgãos que, de acordo com as ordens jurídicas dos estados individuais, são competentes para isso. Elas constituem as normas do direito internacional geral, pois obrigam e autorizam todos os estados. Dentre elas destaca-se a norma que geralmente se designa com a fórmula "*pacta sunt servanda*". Ela atribui competência aos sujeitos da comunidade jurídica internacional para regular seu comportamento, ou seja, o comportamento de seus órgãos e súditos, através de tratados. Esse procedimento consiste na criação de normas que obrigam e autorizam os estados que celebram o tratado, através do acordo de vontade dos órgãos competentes para tanto de dois ou mais estados. O direito internacional dos tratados, válido hoje em dia, tem caráter apenas particular. Suas normas não valem para todos os estados, mas apenas para dois estados ou para um grupo maior ou menor de estados. Elas constituem somente comunidades parciais. Assim, deve-se observar que o direito internacional dos tratados, que é particular, e o direito internacional consuetudinário, que é geral, não devem ser considerados grupos coordenados de normas. O fundamento de um constitui uma norma que pertence ao outro, estando ambos em uma relação que vai de um nível superior a um nível inferior. E quando se considera também as normas jurídicas que são criadas por cortes internacionais e por órgãos a elas semelhantes, mostra-se então, na estrutura do direito internacional, um terceiro nível adicional. Pois a própria função de um tal órgão criador de direito internacional se apoia em um tratado de direito internacional, ou seja, em uma norma que pertence ao segundo nível do direito internacional. Essa norma pertencente ao segundo nível do direito internacional – criada através de tratados internacionais – apoia-se em uma proposição do direito internacional geral consuetudinário, que é o estrato relativamente mais elevado. Por isso, deve então valer como norma fundamental do direito internacional e também das ordens jurídicas dos estados individuais delegadas pelo direito internacional uma norma que estabelece o costume constituído pelo comportamento recíproco dos estados como pressuposto fático criador de direito. O fato de o direito internacional geral consuetudinário ser, de acordo com seu surgimento, mais recente que as ordens jurídicas dos estados individuais não impede que estas encontrem seu fundamento de validade naquele. Também a família – enquanto comunidade jurídica – é muito mais antiga que o estado centralizado – que abrange várias famílias. Contudo, a validade da ordem jurídica da família se apoia, atualmente, na ordem jurídica estatal. Do mesmo modo, a validade da ordem jurídica de um estado membro se reconduz à constituição do estado federal, embora o surgimento do estado federativo seja precedido, temporalmente, pelos estados individuais então autônomos, que apenas mais tarde foram reunidos em um estado federativo. Não se deve misturar a relação histórica com a relação normológica.

b) O Direito Internacional como Ordem Jurídica Primitiva

O direito internacional exibe o mesmo caráter do direito do estado individual. Ele é, como este, uma ordem de coação. A proposição jurídica de direito internacional consiste, exatamente como a proposição jurídica da ordem jurídica do estado individual, na ligação de um ato de coação - como consequência - a um pressuposto fático (considerado pela comunidade como nocivo) - como condição. As consequências específicas do ilícito no direito internacional são a represália e a guerra. Mas o direito internacional ainda é uma ordem jurídica primitiva. Ele se encontra somente no início de um desenvolvimento que a ordem jurídica do estado individual já percorreu. Ele evidencia uma descentralização muito ampla, pelo menos no âmbito do direito internacional geral, e, assim, para toda a comunidade jurídica internacional. Não há ainda, aqui, qualquer órgão para criação e implementação de normas jurídicas funcionando de acordo com a divisão de trabalho. A formação das normas gerais ocorre através do costume ou de tratados, ou seja, através dos próprios membros da comunidade jurídica e não através de um órgão legislativo especial. E o mesmo ocorre na aplicação de normas gerais a casos concretos. É o estado que acredita ter tido seus interesses violados que deve decidir se está presente o pressuposto fático de um ilícito, pelo qual outro estado é responsável. E quando o outro estado nega o ilícito, falta uma instância objetiva que possa decidir a disputa. E assim o próprio estado que teve seu direito violado está autorizado a reagir contra aquele que violou seu direito com o ato de coação estabelecido pelo direito internacional, ou seja, com a represália ou a guerra. Trata-se da técnica da autotutela, da qual partiu também a ordem jurídica do estado individual. De acordo com ela prevalece o princípio da responsabilidade coletiva pelo resultado, e não o princípio da responsabilidade individual fundada na culpa. A consequência do ilícito não se dirige àquele ser humano que - agindo como órgão do estado individual - intencionalmente ou negligentemente gerou o pressuposto fático ilícito, mas antes a outro que não tomou parte, de modo algum, nesse pressuposto fático ilícito, e não era capaz de impedi-lo. A represália e a guerra não atingem o órgão estatal que, com suas ações ou omissões imputáveis ao estado, violou o direito internacional, mas antes o conjunto de seres humanos que constituem o povo ou um órgão específico: o exército, na medida em que ele, de acordo com a técnica de guerra atual, pode ser separado do povo.

c) Obrigação e Autorização Meramente Mediatas Através do Direito Internacional

O direito internacional obriga e autoriza os estados. Isso não significa – como geralmente se supõe – que ele não obrigue e autorize seres humanos individuais. Uma vez que todo direito é essencialmente uma regulação do comportamento humano, um dever jurídico e, exatamente do mesmo modo, uma autorização não podem ter como conteúdo algo que não seja o comportamento humano (e outros pressupostos fáticos, mas somente em conexão com o comportamento humano); e isso não pode ser outra coisa que não o comportamento de seres humanos individuais. Quando se afirma que o direito internacional obriga e autoriza estados, isso significa simplesmente que ele obriga e autoriza seres humanos individuais, não imediatamente – como no caso da ordem jurídica do estado individual –, mas apenas mediatamente, por meio da ordem jurídica do estado individual (cuja expressão personificadora é o estado). A obrigação e autorização do estado pelo direito internacional tem o mesmo caráter da obrigação e autorização de uma pessoa jurídica pela ordem jurídica do estado individual. O estado é uma pessoa jurídica e as normas do direito internacional que obrigam e autorizam os estados – enquanto pessoas jurídicas – são normas incompletas, que precisam de complementação. Elas determinam apenas o elemento objetivo, mas não o elemento pessoal do comportamento humano que constitui necessariamente o seu conteúdo. Elas determinam apenas aquilo que deve ser feito ou que deve se abster de fazer, mas não quem, ou seja, qual indivíduo humano deve praticar a ação ou a omissão prescrita. O direito internacional deixa à ordem jurídica dos estados individuais a determinação desse indivíduo. Nessa delegação se exaure o sentido jurídico daquela propriedade do direito internacional segundo a qual "somente estados são obrigados ou autorizados" pelo direito internacional ou segundo a qual somente "estados são sujeitos do direito internacional". O que se expressa com isso é somente a obrigação e autorização meramente mediatas – por parte do direito internacional – de seres humanos individuais, ou seja, a obrigação e autorização mediada pela ordem jurídica do estado individual.

De resto, essa abordagem meramente mediata do comportamento humano individual através do direito internacional é somente a regra. Nesse sentido, há, tanto no âmbito do direito internacional geral consuetudinário quanto no âmbito do direito internacional dos tratados, que é particular, exceções consideráveis: casos em que a norma de direito internacional obriga e autoriza imediatamente seres humanos individuais, na medida em que dela não só emerge o que deve ser feito ou o que se deve deixar de fazer, mas também qual indivíduo humano deve praticar o comportamento comandado ou proibido pelo direito internacional. Trata-se, portanto, de casos em que seres humanos individuais agem imediatamente como sujeitos do direito internacional. Na medida em que o direito internacional entra em matérias que até agora só tinham sido normatizadas pela ordem jurídica do estado individual, sua tendência de autorizar e obrigar imediatamente os indivíduos deve necessariamente se fortalecer. Além disso, deve-se também, na mesma medida, passar da responsabilidade coletiva pelo resultado a uma responsabilidade individual fundada na culpa. Paralelamente a isso ocorre o surgimento - que se observa atualmente somente dentro de comunidades particulares de direito internacional - de órgãos centrais para a criação e implementação de normas jurídicas. Essa centralização se relaciona - exatamente como no desenvolvimento da ordem jurídica do estado individual - primeiramente à jurisdição; ela tem como objetivo a formação de uma jurisdição internacional.

50. A Unidade entre o Direito Internacional e o Direito de Estados Individuais

a) A Unidade do Objeto como Postulado Teórico-Cognitivo

Todo esse movimento técnico-jurídico aqui indicado tende, afinal, a diluir a fronteira entre o direito internacional e a ordem jurídica do estado individual, de modo que, como finalidade última do desenvolvimento jurídico dirigido à crescente e real centralização, surge a unidade organizatória de uma comunidade jurídica universal mundial, ou seja, a formação de um estado mundial. No momento atual não se pode, porém, ainda falar em um tal estado mundial. Há apenas uma unidade de cognição do direito como um todo, ou seja, pode-se apreender o direito internacional junto com as ordens jurídicas dos estados individuais precisamente como um sistema uniforme de normas, do mesmo modo como se costuma considerar a ordem jurídica do estado individual como uma unidade.

A isso se contrapõe a concepção tradicional que quer enxergar no direito internacional e no direito do estado individual dois sistemas normativos diferentes, independentes entre si, isolados reciprocamente, pois apoiados em duas normas fundamentais diferentes. Essa construção, que deve ser designada dualista – ou que, considerando a pluralidade de ordens jurídicas de estados individuais, deve antes ser designada "pluralista" – já é, porém, de um ponto de vista puramente lógico, insustentável, se tanto as normas do direito internacional quanto as normas das ordens jurídicas dos estados individuais devem ser consideradas simultaneamente como normas válidas e, assim, se ambas devem ser consideradas, do mesmo modo, como normas jurídicas. Nessa percepção compartilhada também pela doutrina tradicional encontra-se a exigência teórico-cognitiva de que todo direito seja considerado em um sistema, ou seja, seja considerado a partir de um único ponto de vista como um todo fechado em si mesmo. Na medida em que o conhecimento jurídico quer apreender como direito – ou seja, sob a categoria da norma jurídica válida – tanto o material caracterizado como direito internacional quanto o material que se apresenta como direito do estado individual, ele põe para si próprio a tarefa de representar seu objeto como uma unidade – exatamente como faz a ciência da natureza. O critério negativo dessa unidade é a não-contradição. Esse princípio lógico vale também para o conhecimento no âmbito de normas. Não se pode afirmar a validade de uma norma com o conteúdo *a* e, simultaneamente, afirmar a validade de uma norma com o conteúdo *não-a*. Certamente pode-se afirmar – e, diante dos fatos, deve-se afirmar – que normas com conteúdos que se excluem reciprocamente são postas de fato e representadas, cumpridas ou descumpridas, pelos destinatários. Pois essa afirmação, que se relaciona a fatos naturais, não contém – exatamente como a constatação de duas forças que se contrapõem – qualquer contradição lógica. Mas não se pode afirmar que duas normas com conteúdos que se excluem logicamente são válidas simultaneamente, ou seja, que *a* e ao mesmo tempo *não-a* devem ser, exatamente como não se pode afirmar que *a* e ao mesmo tempo *não-a* são. Quando se apresentam ao conhecimento jurídico normas jurídicas cujos conteúdos se contradizem, esforça-se em descaracterizar essa contradição, através de uma interpretação razoável, como mera contradição aparente. Quando isso não é possível, classifica-se o material interpretado como sem sentido e, por isso, como inexistente na esfera jurídica (que é uma esfera de sentido). Com isso, é identificada uma mera tendência fática, imanente ao conhecimento jurídico. Na apresentação do problema da interpretação esse procedimento já foi descrito.

b) A Relação Recíproca entre Dois Sistemas Normativos

Uma vez que o jurista considera tanto o direito internacional quanto a ordem jurídica do estado individual como complexo de normas válidas, ou seja, de normas vinculantes, e não – ou não somente – como conglomerado de fatos naturais, ele não pode fazer outra coisa senão apreender esses complexos de normas em um sistema livre de contradições. Isso é possível, em princípio, de dois modos diferentes. Dois complexos de normas aparentemente diferentes constituem um sistema uniforme quando uma ordem é subordinada à outra, na medida em que uma ordem encontra na outra ordem, ou seja, em uma norma da outra ordem, seu fundamento de validade e assim sua norma fundamental relativa, a determinação fundamental de sua criação. Dois complexos de normas aparentemente diferentes constituem um sistema uniforme também quando ambas as ordens se apresentam em uma relação recíproca de coordenação - ou seja, quando elas são limitadas reciprocamente em seus âmbitos de validade. Mas isso pressupõe uma terceira ordem, mais elevada, que determina a criação das outras duas, que delimita e sobretudo coordena seus âmbitos de validade reciprocamente. A determinação do âmbito de validade é - como já foi dito anteriormente - a determinação de um elemento material da norma inferior pela norma superior. A determinação do processo de criação pode ocorrer direta ou indiretamente, conforme a própria norma superior determine o processo de criação da norma inferior ou se limite a estabelecer uma instância à qual é atribuído o poder para criar, de acordo com sua discricionariedade, normas com validade para determinado âmbito. Nesse caso fala-se em delegação, e a unidade com a qual a ordem superior é conectada à ordem inferior tem o caráter de uma cadeia de delegação. Disso decorre que a relação entre a ordem superior e as diversas ordens inferiores delegadas pela ordem superior deve ser simultaneamente a relação entre uma ordem total e as ordens parciais abrangidas por essa ordem total. Uma vez que a norma fundamental relativa da ordem inferior constitui uma parte da ordem superior, a ordem inferior pode ser pensada como contida na ordem superior, que é uma ordem total. A norma fundamental da ordem superior - como nível mais elevado da ordem total - representa o fundamento último da validade de todas as normas, inclusive das normas da ordem inferior.

Se o direito internacional e o direito do estado individual constituem um sistema uniforme, deve então a relação recíproca entre eles ser estruturada por meio de uma das duas formas aqui desenvolvidas.

c) Construção Monista ou Dualista

Contra uma construção monista, que é, para a teoria pura do direito, apenas uma consequência teórico-cognitiva, objeta-se especialmente que a independência recíproca do direito internacional e da ordem jurídica do estado individual decorreria da possibilidade de contradições indissolúveis entre ambos. Se essa afirmação fosse correta, seria então absolutamente impossível afirmar a ordem jurídica do estado individual e o direito internacional, bem como duas ordens jurídicas de estados individuais - uma ao lado da outra - como sistemas normativos simultaneamente válidos. Do mesmo modo, seria impossível assumir a validade simultânea da moral e do direito positivo - que realmente é completamente independente da moral. Assim como o jurista, que opera com proposições de um direito positivo como normas válidas, deve abstrair da moral na medida em que ela contradiz o direito, deve também a construção dualista se limitar a considerar uma única ordem jurídica, por exemplo a própria ordem jurídica estatal - cuja unidade é pressuposta como evidente - como o único sistema de normas jurídicas válidas. Por outro lado, as ordens jurídicas dos outros estados individuais e especialmente o direito internacional - ou, mais precisamente, o material assim designado - não deveriam ser considerados na categoria das normas válidas, mas antes somente em sua facticidade. Assim, eles não deveriam ser considerados propriamente como direito, não deveriam ser considerados propriamente em sua normatividade, normatividade essa que, antes de mais nada, distingue a própria ordem jurídica estatal como direito. Esse é o ponto de vista dos primitivos, que, com muita naturalidade, consideram apenas sua própria comunidade como uma comunidade jurídica e somente a ordem jurídica que a constitui como uma ordem jurídica válida. Consequentemente, eles consideram todos aqueles que não pertencem a sua própria comunidade como "bárbaros" fora da lei, e a ordem sob a qual esses bárbaros vivem, se é que ela é uma ordem, não como verdadeiro "direito", não como um direito no mesmo sentido que o seu próprio direito e tão bom quanto ele. Segundo essa concepção, não pode haver um verdadeiro direito internacional.

Ela não foi, até hoje, completamente superada. Ela sobrevive - em certa medida - na ideia de que somente a própria ordem estatal é "direito", direito no sentido completo e próprio do termo. Esse é também o ponto de vista - pelo menos inconsciente - da teoria dualista.

d) O Primado da Ordem Jurídica Estatal

Já que uma negação direta do caráter normativo, não só do direito internacional, mas também das outras ordens estatais, não é fácil, a construção dualista precisa se apegar a uma ficção para fundamentar a natureza jurídica dos complexos de normas que se colocam fora da ordem jurídica do estado individual. Trata-se da doutrina que defende que, para que o direito internacional seja vinculante para o próprio estado e para que os outros estados sejam vinculantes para o próprio estado como comunidades jurídicas, eles precisam ser "reconhecidos" pelo próprio estado. O fundamento da validade do direito internacional, bem como das ordens jurídicas dos outros estados individuais, transfere-se, desse modo, à ordem jurídica do próprio estado, à "vontade" do próprio estado como a entidade mais elevada da esfera social. O direito internacional, que vale somente na medida em que é reconhecido como vinculante por um estado, mostra-se, assim, não como uma ordem supraestatal, nem como uma ordem independente da própria ordem estatal, dela isolada, mas antes – na medida em que é direito – como uma parte da própria ordem jurídica estatal livremente incorporada, que é absorvida, através do "reconhecimento", como "direito estatal externo", ou seja, como conjunto daquelas normas da ordem jurídica estatal que regulam o comportamento em relação a outros estados. Uma vez que a existência jurídica dos outros estados se apoia no reconhecimento por parte do próprio estado, deve-se representar a ordem jurídica do próprio estado extensivamente como estando acima das outras ordens jurídicas estatais. É como se a ordem jurídica do próprio estado, que recepcionou o direito internacional, delegasse a outros estados, ou seja, a autoridades criadoras de direito de outros estados, poderes correspondentes a seus respectivos âmbitos de validade. Esse é o sentido teórico-jurídico da doutrina de que o outro estado deveria, para poder valer enquanto tal, ou seja, para poder valer como uma ordem jurídica vinculante para seu âmbito de validade, ser reconhecido pelo próprio estado. A teoria do reconhecimento produz uma cadeia de delegação entre a ordem jurídica estatal que constitui o ponto de partida dessa construção teórica e todas as outras ordens jurídicas dos estados individuais. Por sua vez, com isso se produz, por força de uma tendência imanente ao conhecimento jurídico, até mesmo contra a vontade de seus defensores, uma unidade da visão de mundo jurídica não com base no primado da ordem jurídica internacional mas, na verdade, antes com base no primado da ordem jurídica do estado individual.

Diante da necessidade de se apreender como normas jurídicas válidas não só a própria ordem jurídica estatal, mas também as outras ordens estatais e especialmente o direito internacional, a construção dualista é levada, pela teoria do reconhecimento, que lhe é indispensável, a uma autoanulação. Nas próprias consequências dessa teoria – que nunca foram submetidas, por seus defensores, a uma reflexão integral – deve-se reconhecer claramente a intenção política que constitui seu pano de fundo: a perpetuação da ideia de soberania do estado, da ideia de que o estado representaria a comunidade jurídica absolutamente mais elevada. Essa soberania só pode ser a soberania do próprio estado, que constitui o ponto de partida de toda essa construção teórica. Pois a soberania de um estado é, nesse seu sentido original, incompatível com a soberania de um outro estado.

O dogma da soberania do estado e o primado da ordem jurídica do próprio estado, dela resultante, correspondem completamente àquela visão subjetivista que afinal deságua em um solipsismo que quer apreender o indivíduo isolado, ou seja, o eu, como centro do mundo e, por isso, quer apreender o mundo apenas como vontade e representação do eu. Trata-se de um subjetivismo estatal radical, ao qual se opõe o primado da ordem jurídica internacional, como expressão de uma visão de mundo e de direito objetivistas.

e) A Negação do Direito Internacional

O subjetivismo, que, para apreender o mundo, parte do próprio eu e então o amplia ao universo, não pode, contudo, passar do eu soberano a um mundo objetivo. Ele é incapaz de apreender outro sujeito, não-eu, que possui a mesma pretensão de soberania; ele é incapaz de apreender também um "tu" como uma entidade que possui a mesma natureza que o próprio eu, que quer ser um eu. Assim, também a construção monista – que resulta de uma transformação do dualismo, por meio da teoria do reconhecimento, em decorrência de sua tendência de preservar o dogma da soberania – é completamente incompatível com a representação de uma pluralidade de estados coordenados, limitados juridicamente entre si em seus âmbitos de validade. O primado da ordem jurídica do estado individual significa, afinal, não apenas a negação da soberania de todos os outros estados e, assim, a existência jurídica deles como estados no sentido do dogma da soberania, mas também a negação do direito internacional.

O direito internacional experimenta, através da ideia de sua incorporação na ordem jurídica do próprio estado, uma completa desnaturalização. Pois dentro das limitações da ordem jurídica de um estado individual, o direito internacional não pode mais cumprir sua função essencial de coordenação de todos os estados. As normas que regulam o comportamento do próprio estado em relação ao exterior, o direito internacional convertido em direito estatal exterior, tem seu fundamento de validade na constituição do estado que incorpora o direito internacional. Assim, em casos extremos, de acordo com as regras dessa constituição, a validade desse direito internacional convertido em direito estatal exterior pode ser abolida através de uma emenda constitucional. Porém, com isso, também o reconhecimento de outros estados realizado em conformidade com as determinações do direito estatal exterior e, em virtude disso, a natureza da ordem desses estados – que se baseia nesse reconhecimento – podem ser abolidos. A teoria do primado da ordem jurídica do próprio estado retorna, em suas últimas consequências, a seu ponto de partida inicial: somente a ordem jurídica do próprio estado pode valer como direito.

Diante da natureza ideológica do direito, o denominado sentido de certos pressupostos fáticos é – como já evidenciado – apenas o resultado de uma interpretação meramente possível, obtida somente através da pressuposição da norma fundamental, e não uma interpretação necessária. Assim, não pode ser negada também a possibilidade teórica de um ponto de vista a partir do qual somente a ordem do próprio estado e aquilo que se pode apreender a partir dela seja interpretado como direito. Quando se acredita, porém, que as consequências resultantes do primado da ordem jurídica do próprio estado devem ser evitadas, o primado da ordem jurídica internacional é, então, imperativo.

f) A Dissolução da "Contradição" entre o Direito Internacional e o Direito dos Estados Individuais

Na própria ficção – necessariamente empregada pela construção dualista – de que a validade do direito internacional em relação ao estado individual se baseia no reconhecimento do direito internacional pelo estado individual, encontra-se já a contestação da objeção fundamental que se faz contra uma construção monista da relação entre o direito internacional e o direito do estado individual. Essa objeção fundamental afirma a possibilidade de contradições insolúveis entre o direito internacional e o direito do estado individual. Como poderiam ser possíveis tais contradições, se a mesma "vontade" reconhece o direito internacional e se apresenta como ordem jurídica do estado individual? Especialmente quando se considera que essa denominada "vontade" do estado é somente a expressão antropomórfica do dever ser de normas. Aliás, o fato designado como "contradição" entre o direito internacional e o direito do estado individual não tem nada a ver com uma contradição lógica. Ele é somente um caso especial do conflito entre uma norma de nível superior e uma norma de nível inferior, já abordado anteriormente. Aquilo que se afirma ser uma tal contradição entre o direito internacional e o direito do estado individual – por exemplo, o fato de uma lei de um estado se opor a um tratado de direito internacional que esse estado celebrou com outro estado, sem que, com isso, tanto a validade da norma estatal quanto a validade da norma de direito internacional seja afetada – é completamente análogo àquilo que acontece no âmbito do direito estatal, sem que, com isso, a unidade do direito estatal seja posta em dúvida. Também a lei inconstitucional é uma lei válida e permanece válida sem que, com isso, a constituição deva ser considerada abolida ou emendada. Também a sentença judicial ilegal é uma norma válida e sua validade permanece até que seja abolida por outra sentença judicial. Já foi esclarecido acima que a "oposição entre normas" não significa uma contradição lógica entre a norma inferior e a norma superior, mas apenas a possibilidade de se abolir a norma inferior ou a possibilidade de se punir um órgão responsável. Além disso, deve-se observar que o estabelecimento de uma norma "contrária a outra norma" pode ser um pressuposto fático ilícito ao qual a ordem jurídica conecta o seu ato de coação específico como consequência do ilícito. Que também o pressuposto fático ilícito enquanto tal não se encontre em contradição lógica com a norma que o estatui decorre do que foi dito acima. Assim, não há qualquer dificuldade lógica para que sejam criadas normas jurídicas válidas por um ato que é qualificado como ilícito. O estabelecimento da norma pode estar ligado às consequências do ilícito, mas a norma posta dessa maneira pode ser válida; válida não somente no sentido de que ela permanece válida até sua anulação por um ato jurídico, mas também no sentido de que ela não pode ser de modo algum anulada em virtude de sua imperfeição.

Isso é o que ocorre entre o direito internacional e o direito do estado individual. O sentido em que o direito internacional obriga o estado a qualquer ato e especialmente ao estabelecimento de normas com determinado conteúdo é simplesmente o seguinte: o ato oposto ou o estabelecimento de uma norma estatal com conteúdo oposto é a condição à qual o direito internacional conecta sua sanção específica, a represália e a guerra como consequências do ilícito. A norma da ordem jurídica do estado individual criada mediante "violação" do direito internacional permanece válida até mesmo do ponto de vista do direito internacional, pois o direito internacional não prevê qualquer processo em que a norma da ordem jurídica do estado individual "contrária ao direito internacional" possa ser abolida. Essa possibilidade só existe no âmbito do direito internacional particular. A relação entre o direito internacional e a denominada norma da ordem jurídica do estado individual contrária ao direito internacional é a mesma relação que a constituição de um estado individual - que, por exemplo, no seu catálogo de direitos fundamentais, determina o conteúdo de leis futuras - possui com uma lei que viola os direitos fundamentais, uma lei que é por isso inconstitucional. Isso desde que essa constituição, como ocorre na maioria das vezes, não estabeleça um processo para a anulação das leis em virtude de sua inconstitucionalidade, limitando-se antes à possibilidade de responsabilização pessoal de determinados órgãos em caso de ocorrência da denominada lei inconstitucional. A determinação do conteúdo da ordem jurídica do estado individual pelo direito internacional acontece exatamente do mesmo modo que ocorre, em um sentido alternativo, a determinação do conteúdo de leis futuras através de uma constituição que não estabelece o controle de constitucionalidade das leis. A possibilidade de um conteúdo diverso daquele prescrito não está excluída, exatamente porque um conteúdo diverso daquele prescrito está eventualmente autorizado. Sua desqualificação ocorre simplesmente através da qualificação do estabelecimento de tais normas como pressuposto fático ilícito, sem prejuízo de sua validade. Tanto o pressuposto fático ilícito quanto a norma por ele criada - que é denominada norma "contrária ao direito internacional" - não estão em uma contradição lógica com o direito internacional. Assim, sob essa perspectiva, não há nada que impeça a suposição de uma unidade entre o direito internacional e o direito do estado individual.

g) O Primado da Ordem Jurídica Internacional

Essa unidade se mantém tanto em sentido negativo - como ausência de contradição lógica entre ambos os complexos de normas - quanto em sentido positivo. Nesse sentido positivo, ela se mantém quando os teóricos em geral e especialmente os defensores da construção dualista assumem que os estados - ou, dito sem a figura da personificação, as ordens jurídicas dos estados individuais – estão coordenados uns em relação aos outros e limitados juridicamente uns em relação aos outros em seus âmbitos de validade, especialmente em seus âmbitos territoriais de validade. Pois isso só é possível quando se pressupõe, acima das ordens jurídicas dos estados individuais, uma ordem jurídica que coordena essas ordens jurídicas dos estados individuais e limita reciprocamente seus âmbitos de validade. Essa ordem jurídica só pode ser, e de fato é, o direito internacional, pois são as normas do direito internacional aquelas que desempenham essas funções.

Uma proposição jurídica do direito internacional geral, já mencionada anteriormente, reconhecida tanto na teoria quanto na prática, determina, em sua versão mais usual: também um governo que chega ao poder através de uma revolução ou através da criação de um império deve ser visto como um governo legítimo no sentido do direito internacional desde que ele seja capaz de obter obediência duradoura às normas por ele editadas. Isso significa, contudo, que uma ordem de coação imediata de direito internacional, ou, em outras palavras, que a comunidade constituída por essa ordem deve valer como estado no sentido do direito internacional para todos os âmbitos que correspondam em geral a essa ordem. Esse princípio da efetividade, que constitui uma máxima do direito internacional positivo, significa, em sua aplicação às ordens jurídicas dos estados individuais, que elas são delegadas pelo direito internacional. O estabelecimento de um poder produtor de normas cuja ordem possui eficácia duradoura em determinado âmbito representa – em termos do direito positivo – o surgimento de uma autoridade produtora de normas porque ela toma essa qualidade emprestada do direito internacional ou, o que significa o mesmo, porque o direito internacional atribui a ela poder para produzir direito. O direito internacional determina porém, ao mesmo tempo, os âmbitos espacial e temporal de validade da ordem jurídica do estado individual, criada em conformidade com essa atribuição de poder. O território do estado individual, ou seja, o espaço de vigência da ordem jurídica do estado individual, alcança – em virtude do direito internacional – até onde essa ordem for eficaz. E o direito internacional garante esse âmbito territorial de validade na medida em que ele conecta a uma interferência nessa esfera por ele protegida suas consequências específicas. Exceto por algumas exceções, a limitação territorial consiste essencialmente no fato de todo estado poder se fazer notar em sua qualidade de aparato de coação fundamentalmente somente dentro do seu próprio território, ou seja, somente no território a ele assegurado pelo direito internacional. Falando de forma não figurada: a ordem jurídica do estado individual pode estatuir seus atos de coação específico somente para o espaço de validade a ela concedido pelo direito internacional, de modo que esses atos de coação só podem ser postos – sem violar o direito internacional – dentro desse espaço. Desse modo, torna-se juridicamente possível uma pluralidade de estados localizados espacialmente uns ao lado dos outros, ou seja, uma pluralidade de ordens de coação. Mas não somente uns ao lado dos outros no espaço, como também uns ao lado dos outros no tempo. Isso significa que o âmbito temporal de validade das ordens jurídicas dos estados individuais é determinado pelo direito internacional. O começo e o fim da validade jurídica da ordem estatal dependem do princípio jurídico da efetividade. Surgimento e queda do estado são representados – quando considerados a partir desse ponto de vista – exatamente como o fenômeno de fundação e dissolução de uma pessoa jurídica no contexto do direito interno do estado. Mas o direito internacional é também importante no que diz respeito ao âmbito material de validade da ordem jurídica do estado individual. O motivo disso é que as normas do direito internacional, sobretudo aquelas criadas através de tratados de direito internacional, podem abranger qualquer objeto possível, e assim também aqueles que até agora têm sido regulados pelas ordens jurídicas dos estados individuais. Assim, o direito internacional restringe o âmbito material de vigência das ordens jurídicas dos estados individuais. Os estados individuais continuam sendo competentes – mesmo do ponto de vista do direito internacional – para normatizar absolutamente tudo; mas eles possuem essa competência somente na medida em que o direito internacional não toma para si um objeto, retirando-o de uma regulação livre por parte da ordem jurídica do estado individual. Quando se pressupõe o direito internacional como uma ordem jurídica supraestatal, a ordem jurídica do estado individual não possui mais uma competência soberana. Mas ela possui uma pretensão de totalidade, que é limitada apenas pelo direito internacional. Isso significa que ela inicialmente não é limitada previamente pelo direito internacional a determinados objetos, como ocorre com outras ordens ou comunidades jurídicas imediatamente submetidas ao direito internacional, ordens ou comunidades que são constituídas através de tratados de direito internacional.

h) O Estado como Órgão da Comunidade Jurídica Internacional

O estado, cujo conceito pode, a partir de agora, ser determinado a partir da ordem jurídica internacional, é, portanto, uma ordem jurídica parcial imediatamente submetida ao direito internacional, relativamente centralizada, com âmbitos territorial e temporal de validade limitados pelo direito internacional e, no que diz respeito ao âmbito material de validade, uma pretensão de totalidade restringida apenas através de reserva por parte do direito internacional.

Na representação personificadora usual, essa ordem jurídica parcial, ou seja, o estado individual, pode ser designada como órgão da comunidade jurídica internacional. Somente como um tal órgão o estado individual participa da criação do direito internacional. Essa concepção é de especial importância para a criação do direito internacional através de tratados, que, de acordo com a visão de vários autores, constitui o único modo para se modificar e continuar a desenvolver o direito internacional válido. Assim, esses autores artificialmente consideram a criação consuetudinária do direito – através da qual se chega sobretudo ao direito internacional geral – como um tratado tácito; e fazem isso apenas para manter o dogma da soberania, para poder reconduzir a validade do direito internacional à vontade livre do estado individual. Essa construção se apoia, porém, em um autoengano. Quando se considera o tratado como pressuposto fático criador de direito, deve a norma criada pelo tratado obrigar e autorizar não apenas um, mas antes ambos os estados coordenados reciprocamente no tratado, que participaram de sua celebração. Isso significa, porém, que ela deve obrigar e autorizar – ainda que apenas mediatamente – os órgãos e súditos de ambos os estados. Nesse caso, deve então ser pressuposta uma norma que estabelece o tratado entre estados como pressuposto fático criador de direito. E essa norma não pode ser uma norma da ordem jurídica de um estado individual; ela só pode ser parte de uma ordem jurídica superior, que está acima das ordens jurídicas dos estados individuais e que, antes de mais nada, coordena essas ordens jurídicas dos estados individuais. Através da norma da ordem jurídica de um estado individual – ou, figurativamente falando, através da vontade de um estado individual – não se pode obrigar e autorizar órgãos e súditos de outro estado. Se entre os estados há coordenação, o estado só pode obrigar e autorizar seus próprios súditos. A competência de um estado não vai além do âmbito de validade de sua ordem jurídica. E uma vez que as competências de dois estados não podem ser somadas, como ocorre com grandezas matemáticas, dois estados individuais juntos não podem – sem a delegação por parte de uma ordem superior – criar normas que valem para o âmbito de ambos os estados, como é o caso da norma criada através de um tratado entre estados. Apenas a partir do ponto de vista do direito internacional geral pode a criação de normas de direito internacional ser apreendida em termos teóricos. Pois é o direito internacional geral que regula essa criação de direito, na medida em que ele qualifica o acordo entre estados como método de criação do direito, obrigando os estados a agir em conformidade com o tratado. Considerados a partir desse ponto de vista, os representantes de ambos os estados que atuam na celebração de um tratado entre seus estados constituem um órgão estabelecido em conjunto, porém unitário. Trata-se de um órgão da comunidade de estados constituída através do direito internacional geral, e não um órgão pertencente aos dois estados. O direito internacional delega poderes à ordem jurídica do estado individual para determinar o indivíduo que pode manifestar – quando da celebração do tratado – a vontade do estado em nome do estado. Isso significa que os representantes dos estados que atuam na celebração do tratado entre seus estados, como órgãos parciais do órgão comum que cria a norma do tratado, são, primariamente, órgãos da comunidade jurídica internacional. Somente secundariamente é cada um desses órgãos parciais um órgão de seu próprio estado. Assim – ao contrário do que, sob influência do dogma da soberania, habitualmente se enfatiza –, não são os estados individuais que criam um direito que emerge na forma de tratados de direito internacional. É antes a comunidade de estados, ou, mais corretamente, a comunidade jurídica internacional que cria esse direito internacional, do mesmo modo que o estado, através de órgãos estatais, cria o direito estatal.

O estado, como órgão do direito internacional, é apenas uma expressão figurada para a ordem jurídica do estado individual que se encontra naquela cadeia de delegação (cuja estrutura já foi descrita acima) junto com a ordem jurídica internacional e, por meio do direito internacional, também junto com as ordens jurídicas de todos os outros estados individuais.

Essa cadeia de delegação produz a unidade do sistema jurídico universal em um sentido completamente positivo. Deve-se enfatizar sempre, a fim de se evitar mal-entendidos, que essa unidade é uma unidade em termos de conhecimento, e não uma unidade organizacional. Na estrutura dessa cadeia remove-se do estado individual, como entidade jurídica, o paralisante caráter absoluto que o dogma da soberania lhe atribui. A teoria pura do direito relativiza o estado. Ela o reconhece como um nível jurídico intermediário e chega à concepção de que uma sucessão contínua gradualmente sobreposta de estruturas jurídicas vai desde a comunidade universal do direito internacional que abrange todos os estados até as comunidades jurídicas incorporadas ao estado.

i) A Teoria Pura do Direito e o Desenvolvimento Mundial do Direito

A dissolução teórica do dogma da soberania, esse instrumento fundamental da ideologia imperialista que se volta contra o direito internacional, constitui um dos resultados essenciais da teoria pura do direito. Embora esse instrumento não tenha sido alcançado com intenções políticas, ele pode ter efeitos políticos. Pois ele remove um obstáculo que se opõe quase insuperavelmente a todo desenvolvimento técnico do direito internacional, a toda tentativa de centralização abrangente da ordem jurídica internacional. A teoria pura do direito se opõe a uma linha de argumentação que considera um tal desenvolvimento incompatível com a natureza do direito internacional ou com a essência do estado, ou seja, com tudo aquilo que o conceito de soberania deve expressar. Ela desmascara de forma definitiva a tentativa de, com ajuda do conceito de soberania, conferir a um argumento meramente político - que sempre pode ser contestado com um contra-argumento igualmente político - a aparência de um argumento lógico que seria, por natureza, irrefutável. E exatamente por fazer isso a teoria pura do direito facilita um desenvolvimento jurídico-político inibido através de representações falsas. Contudo, ela não justifica ou postula um tal desenvolvimento, pois, como teoria, ela é completamente indiferente a ele.

A identificação de um tal possível efeito não pode abalar a pureza da teoria. A ciência exata da natureza, e somente ela, também possibilita, ainda que sem a intenção de fazê-lo, o progresso da técnica. Ela o faz exatamente por não ter como objetivo nada mais que o puro conhecimento. Nesse sentido, deve ser dito que a teoria pura do direito alcança um pressuposto essencial da unidade organizatória de uma ordem jurídica mundial centralizada, na medida em que ela, através da relativização do conceito de estado, assegura a unidade cognitiva de todo o direito.

Índice Remissivo de Conteúdos

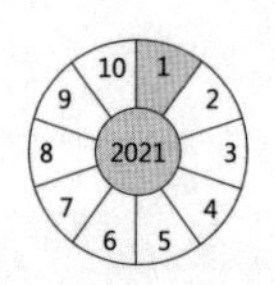
2021
10
1
2
3
4
5
6
7
8
9